创意写作书系

【日】蜳田吉昭（ひきた よしあき）著
郭一娜 译

精简写作

博报堂演讲撰稿人
教你写出好文章

中国人民大学出版社
·北京·

前　言

"你的文章太长，而且很难理解。"只听啪的一声，上司故意把报告拍在桌上。那个声音，真是扎心。

"你到底要表达什么？"被上司这么一问，我想口头解释，但话又变得很长。解释来解释去，自己都不知所云了。

上司将双臂交叉在胸前："把报告重写一遍，只写要点，明天给我。"说完，离开了会议室。

"只写要点……"经上司这么一说，我才明白，原来文中欠缺"这些是我想让你们明白的内容"。虽然我也想让对方明白，但对每段话都缺乏信心，只想赶快写上"最后"（笑）蒙混过关。

文中缺乏"这就是要点"的气势，反而想通过

"既然我都写了这么多,就饶了我吧"的卖惨来掩饰文章的空洞。

"唉,要是能用简洁的语言,直截了当地写出自己的想法该多好。"

这是前几天久别重逢的学生和我分享的与上司之间的对话。毕业四五年后,这些学生开始在各自的公司独当一面。我倾听他们的困扰时,发现总离不开写作这个话题。

公司里,没人愿意去读学生时代那样冗长的报告。像在LINE①或Twitter(推特)等社交媒体上简单写几句,是远远无法应付工作的。

怎样才能用简短的语句,向不特定的多数人群清晰传达信息?在信息泛滥的时代,在如此有限的时间里,写什么、怎么写,才能让对方记住自己的话并促使对方采取行动?

---

① 起源于日本的即时通信应用程序,相当于日本人的微信。——译者注

前言

年轻人如今需要具备找到"要点"并精简表达的能力。

我在广告公司博报堂从事撰写文案的工作超过30年。这个工作的特点就是只用一行文字传达信息，通过15秒、30秒来打动人心，让人们产生购买欲。此外，我还为政治家、企业和各机构高层等各行各业的客户撰写演讲稿。

过去十年，我在包括明治大学在内的多所大学讲授"语言的力量"和"广告传播"等课程，批改学生报告。从三年前起，我在《朝日小学生新闻》（朝日学生新闻社出版）开辟专栏，为小学生撰写文章。

所有这些工作都要求我能写出面向各个年龄段读者的精简文章。这期间我经历了不少困难和失败。正因此，刚刚提到的毕业生们心头那种"写不出来"的焦虑感，我感同身受。所以，我想为在职场打拼的年轻人写这样一本书，教他们如何精简写作。

到目前为止，市面上出现了许多关于如何总结

"要点"的书。许多书虽然总结得简短，却很无聊。所谓正确但无趣。如果想机械化地精简文章，完全可以交给AI去做，可能会得到更准确的内容。但是，如果文章本身无聊，人们就不会愿意读你辛苦写成的文章。

我追求的写作目标是，写出"即使简短，也很有趣。让人忍不住想读、想与人分享的那种文章"。

希望你写的文章能被公司同事当作范文。我将把你的能力提升到这种水平。这种能力不仅可以应用在撰写计划书、提案书、产品宣传、邮件、求职书等业务场景，对在社交媒体发帖或写信等私人场合也很有益处。

本书第一章介绍从书籍、资料、会议内容等材料中找到"要点"并进行总结的基本方法。第二章学习将这些总结转化为精简文章的技能。但我们不会就此止步。第三章介绍一些小技巧，稍加使用就能极大地改变读者的印象。第四章，我将介绍精简写作的训练方法，这也是我一直践行的。第五章，我将讲述针对具体场景，如提案书、书信、邮件、社交媒体等领域

前言

的写作方法和心得。

请一定在日常生活中活用这些知识。你可以选择从"看起来有意思!""我感觉能做到!"的部分开始阅读。如果读起来费劲,也可以尝试不同的阅读顺序。

擅长演讲的小泉进次郎[①]曾将自己的演讲风格总结为"剪枝叶,讲主干"。这个"主干"正是"要点"。不仅如此,小泉因演讲能打动人心,被誉为"政界的绫小路"(KIMIMARO[②])。这就是"有趣地讲要点"的理想状态。

通过阅读此书,你也能写出"精简文章"。让我们一起思考,写出能让上司一拍大腿,赞叹"真好理解"的那种充满智慧的精简文章吧。

蓑田吉昭
2018 年 2 月

[①] 日本前首相小泉纯一郎之子,曾任环境大臣。与其父一样,因曾参拜靖国神社而受到广泛谴责。——译者注
[②] 日本著名相声艺人。——译者注

目　录

第一章　结局的艰难 / 1

脱离要点　文章冗长 / 3

用"一页一行法"提炼要点 / 6

提高文章密度的"三选一最佳"策略 / 10

将总结凝练到 40 字内 / 18

用对话框表现情绪 / 23

利用网络翻译检验文章是否易懂 / 28

不仅是商业，文章也在走向无国界化 / 28

尝试为一切命名 / 29

专栏：用钢笔改变生活方式 / 32

第二章　打造精简文章框架 / 37

设置路标　一气呵成 / 39

文章一气呵成　删减毫不留情 / 43

开篇采用《桃太郎》/ 46

用"先下结论"来快速表达 / 48

用"简直太……"吊起对方胃口 / 50

按照"对方本位"的顺序写作 / 53

以对方"能得到什么"为主线构思文章 / 56

掌握易错语法、敬语 / 59

选择小学四年级学生都能读懂的词汇 / 62

用自定义展现独创性 / 65

专栏：边散步边写作 / 68

第三章　小技巧能极大改善读者印象 / 73

把所有文章都当"情书"去写 / 75

用"融洽对话"取代表情符号 / 78

别再使用"委婉语"/ 81

如何打造清爽文章1：给句子编号 / 84

如何打造清爽文章2：将文章居中对齐 / 87

如何打造清爽文章3：用色彩确认文章是否清爽 / 89

首尾呼应的三明治文章 / 92

有效使用引号 / 95

精简文章节奏感强 / 98

边写边读 / 100

通过问答激发读者思考 / 103

专栏：复制粘贴肯定被发现 / 106

第四章　像演讲撰稿人一样磨炼写作能力 / 111

训练记笔记能力 / 113

培养指路能力　锤炼总结能力 / 116

抄写小学数学题 / 119

彻底输出 / 121

创建专属"名言笔记" / 124

善于从广播中捕捉 / 127

专栏：写作要牢记"短时间集中" / 130

第五章　情景应用：打动人心的文章写法 / 133

写提案书时要预想方案展示场景 / 135

求职书：与企业相向而行 / 137

书信：采用四段论 / 140

道歉信无法完全表达歉意 / 144

感谢信要描绘情景 / 148

邮件：工作优先 / 151

社交媒体：用真情实感　写给人群中的你 / 154

广告文案：选择"能打动特定个人的语言" / 157

专栏：工作不追求"完美" / 160

结　语 / 165

第一章　结局的艰难

第一章 结局的艰难

脱离要点 文章冗长

卫生间里有这样一条告示：

如果将纸巾放在地板上，可能会被别人误认为是垃圾丢入马桶，从而导致马桶堵塞无法使用。为了他人着想，请大家配合。

这段文字很难懂啊。到底想让人们配合什么？为什么会出现这样难以理解的表述？

完全可以改得简洁些——**"请将使用后的纸巾扔进指定垃圾箱"**。这样写肯定更易理解吧？

写这则告示的人或许一开始也打算这么写。但写着写着，脑海中可能就涌现出"如果语气太强硬招致投诉就麻烦了"或者"我真的不擅长用命令口吻啊"等想法。

如果这样从一开始就随便写，思路很快就被情绪和感情左右，文中的理由（借口）就会越来越多，甚至还会产生"是不是要再详细解释一下"的疑问。文章也就随之越写越长。

我认为,首先要写下"在卫生间张贴告示的目的"。如果能先总结出目的,即"让人们将用过的纸巾扔进垃圾箱",那么之后只需稍微软化一下文风,或者解释一下情况就可以了。

回避想要表达的内容、有意模糊重点,文章就会变得冗长。

随着社交网络的发展,每个人都能自由地用文字表达思想。同时,由于过度担心被投诉、被排斥和遭受网络暴力,越来越多的文章刻意模糊要点、避免明确表达观点。如果是相互理解的朋友之间交流,或许无须采用命令的口吻。然而在商界,写作的心态则不同。

对于商业文书来说最重要的,是在不给对方造成压力的情况下,告知"该如何行动"。态度是否傲慢,是次要的。

管理者敦促使用者采取"将纸巾扔进指定垃圾箱"的行动,才是撰写卫生间告示的真正目的。

不写需要对方猜测的文章

我再举个例子。"本产品若直晒,可能会变色。"这种表

第一章　结局的艰难

述很常见。人们大概能理解"应该将其存放在避免直晒的地方"。但是，"可能会"这种暧昧的说法并没有明确告诉消费者是否真的需要改变存放地点。

如果文章需要读者去猜，难免引起歧义。因此，如果你真希望对方采取行动，就应该明确表达**"存放本商品时，请避免直晒"**。促使对方采取正确行动的意念很重要。

演讲撰稿人的工作是为客户撰写演讲稿或评论。写作内容不应是笔者的言论，而应代表客户的声音。

客户"不想说的话"该如何表达？"内心深处的感受"怎样表述？可以说，演讲撰稿人工作的大部分时间都在揣摩客户的内心。

客户那边也一样，就像本章开头提到的卫生间告示，当需要断然向他人做出命令或请求时，就会不由自主地想"逃避"，试图通过描述情况糊弄过去。

"这样说会不会被认为傲慢、招人厌恶？不会遭人投诉吧？"为了消除客户的此类担心，我们首先要写出自己能够接受的文章，然后再让客户接受。这不仅需要技巧，还需要强大的内心。

可以说，演讲撰稿人的工作，就是花费大量时间倾听客户心声，从中找出要点，按照逻辑排列，然后将要点总结成客户本人能接受同时也能令他人信服的精简文章。

害怕别人说三道四，一旦写出来就会被批评"傲慢"……越想避免这种情况，文章就会写得越长、越支离破碎。

为了避免这种情况，我们要具备从书籍、文件、会议、商谈等内容中找出要点、准确表达的"总结能力"。

总结能力是精简写作的根本能力。

本章将为你介绍提升总结能力的方法。

用"一页一行法"提炼要点

接下来，我按照如何找要点、如何写总结这个顺序依次介绍。

首先要做的是从写作对象，**比如书籍、资料中找出能成为要点的部分并进行解读。**

广告公司制作策划书、提案书时，往往会收到客户事先提供的包括商品名、开发背景等在内的材料。这是一份传达

第一章　结局的艰难

客户热情的详细而厚重的资料。然而，如果将所有信息都塞进15秒、30秒的广告，消费者就无法理解产品的优点到底在哪。

这份材料最重要的部分是什么？我们通常要多读几遍才能找到。如果不这样做，就写不出有分量的策划书。

在商界，阅读能力往往体现在寻找要点的能力上。如果怀着轻松的心态去读材料，就很难抓住核心，更不用提完成提案书、策划书或报告了。

下面我就教你如何在不夹杂主观感受和个人情绪的前提下找到核心的秘诀。

一页一行法

第一个方法是画重点。

你可能会问："啊，就这？"但实际上，很多人不擅长画线。

我为中小学生上日语课。时间长了，只要看一眼学生的课本，我就知道"这个学生能通过哪些考试"。

成绩好的孩子，只在课本最重要的内容下面画线。而勤

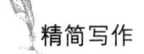

奋但成绩却不理想的孩子，课本往往被五颜六色的线画得密密麻麻。

学习能力表现在能否找到核心内容上。这同样适用于商界。

职场公认"能干的家伙"，画重点的方法就不一样——只在重要部分下方画线。他们发言时往往也能切中要害。

那么，到底如何画重点，才能提升阅读力？

不管是在书上还是资料上画重点，一页只画一处。

就这些。这就是一页一行法。

按照这个原则去阅读，不断地去粗取精：一边果断地舍弃不必要的部分，一边阅读。

第一遍粗读时，不要画线。快速浏览一遍后，再从头开始细读。这时，要以一页一处为目标，寻找最重要的词句。当发现"就是这儿！"时，再画上短线。

如果认为某一页没有重点内容，也可以不画线。相反，即使发现好几个重点，也要在比较权衡后，最终选择一处。

据说，不同的书籍和资料中，对工作有益的部分往往只占文章整体内容的10%。所以，就让我们养成去粗取精、

第一章 结局的艰难

只读重点的习惯吧。

反复琢磨画线词句

当你在资料的最后一页画完重点后,请放松下来,再客观审视一下。可以换个时间或地点,让自己冷静下来,就像看连环画一样,多翻阅几遍画过重点的资料。

比如,假设你正在阅读一本关于 AI 的书。你可能会在"智能的爆炸式进化""虽不聪明但勤奋的伴侣""能记忆、工作,但不能思考""风险在于人们的错误使用"[1] 等处画线。

你一边回忆书的内容,一边合并、分解这些画线词句,琢磨着"如果勤奋但不能思考的人被错误使用,风险确实会增加"或"最重要的或许是我们不要错误地使用"。

这里没有一定之规。当你反复推敲选出重要词句时,就能找出一个让你觉得"啊哈,这不正是作者的核心思想吗?"的要点。

---

[1] 《经济学人》编辑部.2050 年的技术:《经济学人》杂志的预测.土方奈美,译.东京:文艺春秋出版社,2017.

即使找不到也别灰心。从书中获取知识很重要，但更重要的是利用书的内容来激活你的大脑。

顺便说一下，我画线时使用的是怀旧版"红色铅笔"。我曾试过记号笔和各种圆珠笔，但它们的对比度太强，以至于画完线后很难重新阅读全文。

还有一种方法是根据笔记颜色区分"重要内容"或"有趣内容"，但我不推荐。如果你找重点时总在考虑"这个地方很重要，应该用红色"时，就会停止思考，分散"阅读"的注意力。

通过从书籍和资料中提取重要句子、在脑海中反复琢磨，你不仅能获得书中知识，还能增强自我思考能力。

如果画线太多，就无法合并或分解这些语句，最终只是简单地读了一遍而已。

阅读是寻找，也是思考的过程。

提高文章密度的"三选一最佳"策略

你在书籍和资料上画出重点，然后在脑海中不断琢磨和

第一章 结局的艰难

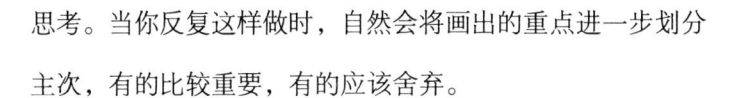

思考。当你反复这样做时，自然会将画出的重点进一步划分主次，有的比较重要，有的应该舍弃。

从中挑选出你认为最重要的三个。

可能你也知道，"3"是写作中的一个重要数字。"1"是绝对数字。单一的观点往往被认为代表强烈的个人主张。"2"常用于表示正误或阴阳等对立概念。"3"被称为"和谐数字"，具有说服力。这也是为什么考题中经常出现"三选一"。

另外，大于"3"的话很难被人记住。

2005年，史蒂夫·乔布斯在美国斯坦福大学举行了一场具有传奇色彩的演讲，分享了"连接生命中的点滴""爱与失去""死亡"三个故事。内容清晰，令人难忘。

从大学开始，我就接受了总结"三要点"的训练。我参与了第八期《早稻田文学》杂志的编辑工作。这份工作需要我阅读来稿并总结每篇稿件的三个优点。这些投稿不同于专业作品，经常前后矛盾或词不达意。

但无论如何，我都会找出三个优点。通过这个训练，即使现在我读一本书时，仍然会在封底写下该书带给我的三个启发。

大学时代，我还曾为NHK（日本广播协会）"猜谜有趣研讨会"节目出题。当时NHK制定了"三文献一体系"规定，即每个题目的背景必须有三份文献资料和一位专家观点做支撑，否则就会因资料不足而被毙掉。

在没有互联网的年代，收集三份文献真是一项艰巨的任务。正得益于此，我大学生活的大部分时间都泡在NHK图书室里。

这两次经历为我日后从事知性工作打下基础。因为两份工作的关键都是"三"。

"三选一最佳"策略

很多介绍写作策略的书中都提到要从画出的重点中再精选三个。但重要的是下一步怎么办。**比较和审视这三个要点。然后从中挑选出最重要的一个。**

这需要决断力。

我在小学课堂上用过这个方法，很有效。

这是一节小学三年级的课，学校位于东京郊区。课程主

第一章 结局的艰难

题是"向赴日观看奥运会的海外人士介绍东京"。我让学生"首先选择三个地方,然后进行比较,写下你最想带他们去的那个"。

效果立竿见影。

一个女孩选择了"东京塔、晴空塔、浅草寺",她写道:

> 我想带你去看晴空塔。因为它比东京塔更高,可以俯瞰整个东京。同时,它靠近浅草寺,回去的路上可以顺便去参观。另外,晴空塔的电梯玻璃是透明的,非常刺激有趣。观景台还有很多适合拍照的地方,可以留下美好回忆。

试想,如果她没有将"晴空塔"与"东京塔"和"浅草寺"比较,就不可能写出这样的文章。

从三个中选择最佳的一个,其余两个就成了支持最佳选项的理由。

这种方法在商界也完全奏效。

不管书籍或资料有多厚,都要将重点缩减到三个。当你从中挑选最重要的一个时,就是在思考"为什么这个才最重要？""它到底哪方面比其他两个更重要？""选择这个，是否能统揽全局？"。

如果不进行比较就得出"这个最重要！"的结论，往往显得太过自以为是。正因为"我考虑了另外两个，最终认为这个最重要"，这样写才会增加说服力。

识别真实想法和表面说辞的"杰基尔文"与"海德文"

从书籍和资料的每一页找出一个要点，将全部要点缩减至三个，最后从中选出最重要的一个。仅仅完成这几步，你的阅读和写作能力肯定能得到提升。

但这还不够。**因为文章还涉及人类心理活动。**

商业活动是人与人之间的互动。"真实想法"和"表面说辞"往往在文字中若隐若现。演讲撰稿人通常边听对方说话、边读对方的心理："啊，这是表面说辞。肯定是有人让他这么说的。""这部分纯粹是自夸，而且还相当夸张。""这句话是真实想法。声调变了，停顿也长了。"

阅读书籍或资料也一样。字里行间中既有冠冕堂皇的说辞、大道理、官方声明，也暗含作者叹息时写下的真实想法、不愿深谈的内容以及真实的愿望和欲望。

文章是人写的。即使作者想要写得活泼欢快，也会不时掺杂些带有阴暗基调的文字。如果是做事经常半途而废的人，文章开头可能会写得很详细，但写了一半后就变得笼统粗略。

文章能表现个人特质。你可能也有这样的体验，仅仅通过Facebook（脸书）或Twitter的帖子，就能看出此人"多半是在说谎吧"。

从书籍或资料中寻找要点时，不可忽视"真实想法"与"表面说辞"。虽然看起来只是微小差别，但如果误判可能会导致严重失败。

在商业场合，能否深入解读对方心意，将大大影响成功的概率。

阅读给定材料或聆听会议发言时，请确保能够准确区分"真实想法"和"表面说辞"。

"杰基尔文"与"海德文"

我将表面文章称为"杰基尔文"，将真实想法称为"海德文"，这源自罗伯特·路易斯·斯蒂文森撰写的体现双重人格的小说《化身博士》。

善良的杰基尔博士完全是"表面说辞"的代表。他谈论光明未来，赞扬历史伟业，展现真诚态度。

当然，从"杰基尔文"中提炼要点很重要，但这还不够。

类似"……等等"这样模糊不清的词尾，没有表明具体时间的"我们会马上讨论"，"其实""老实说""是这样的"等词句，都是作者在试图表达真实想法时常用的措辞。我们应该着重阅读或倾听这样展现真性情的"海德文"。

受人们喜爱的文章，通常都将"杰基尔文"和"海德文"的比例搭配得恰到好处。

"啊，这个人是在说真话"，能让人产生这样感觉的文章，都是很好地运用了"海德文"的结果。

为了掌握这一点，我们先从书籍、资料以及人们的发言中来分辨"真实想法"和"表面说辞"。

举个例子。2016年时任美国总统奥巴马到访广岛发表演讲。演讲开头是这样的："71年前的一个晴朗清晨，死神

第一章 结局的艰难

从天而降，世界从此改变。"

听起来就像一首美丽的叙事诗。

但实际上，他的真实想法可能是避免提及投下原子弹的国家正是美国这一事实。

不谈自己不想说、不能说的事情，与此同时感动全世界。天才演讲撰稿人、奥巴马任总统时期美国总统国家安全事务副助理本杰明·J.罗兹可谓将"海德文"发挥得淋漓尽致。

当然，"海德文"并不仅限于文学表达。有些文章中充斥着"绝对""加速""百分之百""必须""一定"等活力四射的词语。**阅读时，请尝试删除这些修饰语后再读。**这样一来，"还没完成""还没决定""没有进展"等隐语就会浮出水面。

试图掩盖进展不佳的"海德式情绪"，通常体现在这种虚张声势中。

日常生活中，当我们面对LINE等社交媒体的发言、电视新闻报道、报纸文章、商务谈判对话、上司指示以及和同事聊天时，要下意识地去捕捉对方字里行间流露出的"表面文章'杰基尔文'"和"真实想法'海德文'"。

捕捉这些细节后形成的总结,就是精简文章。

此外,揣摩表面文章背后的真实意图,也有利于更高效地进行商务沟通。持续这样做,你对世界的看法也将发生改变。

将总结凝练到 40 字内①

到目前为止,我介绍了如何从书籍资料中找出"要点"的方法。在此基础上,我们尝试写篇总结吧。

总结应该限制在稿纸两行内,即 40 字以内。

你可能会惊讶"这么短?",**但实际上,这个长度就是人类读起来易懂的极限**。

人们一次性能够记住的信息大概是 40 字。总结一旦达到五六十字,就会显得过长。

---

① 日语原文中,平假名、汉字和标点符号加起来共计 40 字。此处均指日语中的情形,请读者参考阅读。——译者注

第一章 结局的艰难

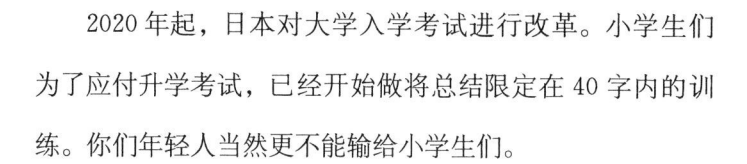

2020年起，日本对大学入学考试进行改革。小学生们为了应付升学考试，已经开始做将总结限定在40字内的训练。你们年轻人当然更不能输给小学生们。

哼唱歌谣《浦岛太郎》的开头

把总结限定在40字内还有另一个原因，那就是文字总量与时间的关系。一张稿纸能写400字。如果400字全是平假名，播音员大约需要1分钟才能念完。

比如儿歌《浦岛太郎》的开头是这样写的，"很久很久以前，小男孩浦岛救了一只海龟。他被海龟带到龙宫城，发现那里难以描绘的美丽"，正好40字。全使用平假名的话，是49字。即使读慢点，也只需要大约10秒就能读完。

如果能够将内容总结为40字，当别人问你"这本书写了什么？"时，即便必须口头回答，也大概在10秒之内就能答出要点。

如果你能以这样的长度发表意见，人们就会认为你是一个能够传递精简信息的人。

这个"40字规则"不仅适用于写作，也适用于讲话。

尝试将一切总结为40个字

你可能也有过这样的体验：虽然费劲地将内容总结为大约100个字，但感觉说短不短、说长不长，只是简单地将词语和句子拼凑起来，再读一遍时发现毫无用处。

这是因为100个字里还包括许多不必要的细节。如果口头解释这100个字，显得内容过多，给人一种杂乱无章的印象。

当然，由于书的内容不同，有时可能因为包含外来语等而难以将总结限定在40个字内。但即便如此，也不要直接使用外来语，而应该考虑怎样将其转换成精简的土本语言。

请尽可能在这40个字框架内进行创作。

例如，将婚礼致辞总结为40个字——"新郎在高中时期，就担任棒球队的二垒手，善于奔跑，眼力敏捷。他工作的基础也由此奠定"。

将《奔跑吧，梅勒斯》① 总结为40个字——"梅勒斯曾

---

① 日本作家太宰治创作的短篇小说。——译者注

第一章　结局的艰难

一度经历挫折，背叛了朋友。但他从失败中站起来，敢于承担责任，最后成了英雄"。

将一场名为"观测未来"的讲座总结为40个字——"人类寿命过百的时代即将来临。AI的发展将导致60％的工作消失。许多常识将无法适用于未来时代"。

尽量用汉字替代外来语，删掉不必要的修饰语和标点符号。技巧在于两部分构造法，前半部分描述情况，后半部分做出结论。

比如我将广告文案总结为40个字——"令人难以置信，这款产品能轻易去除油脂污渍！快用它来洗父亲的衬衫和孩子的体操服吧！"

"我可总结不了这么好！"读到这里，你可能会发出这样的叹息。接下来我将介绍多年来持续使用的训练方法。

我长期使用一种稿纸格式的笔记本，用其中两行来记录各种信息：从书籍、资料到会议内容，当然还包括餐叙、学生咨询，甚至与出租车司机的对话等。我将所有内容都限制在40个字以内。

这样的笔记几乎可以代替日记。没必要区分工作和私生活。即使在看电视时发现有趣的内容，也可以试着在稿纸两行内记录。养成这个习惯，你写总结的能力将得到提高。

● 我记总结的笔记本页面

●要約文を書いたコピーノート

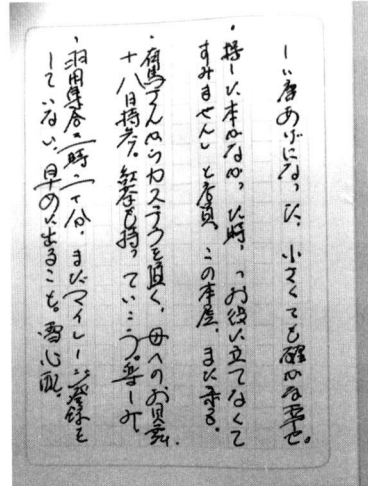

- 年轻人正在加速远离推特，他们总在寻找没有大人的世界。推特之后，下一站是哪？
- 永光送我一册绘本，主人公是喜欢赏花、穿裙

子的熊系男生。时代在变化啊。

• 井之头公园，水汽蒸发、池子见底、土地黝黑。这就是所谓的卡拉马佐夫吧。春天将至。

• 公司食堂，吃到刚炸的鸡块，真是小确幸。

• 找了半天没找到想要的书。店员说：没帮上您，很抱歉。下次还来这家书店。

• 有马送我一盒糕点，18日看望母亲时带上，再带些红茶。期待。

• 3：20到羽田集合，之前没登记里程。应该早点登记。担心雪天。

用对话框表现情绪

LINE上会突然浮现对方写在对话框里的只言片语，仿佛天空飘浮的云朵。作者与其说是在写文章，不如说是留下了说话的"情绪"。

发个表情包就能表达情绪，实现沟通。在LINE上留言不像打电话那样打扰对方。不难理解，在重视"时间""人"

和"场合氛围"的日本社会，LINE已经成为主要的通信工具。

在总结事物时，如果使用类似于LINE上面的"对话框"来表达惊讶、欢乐、悲伤、愤怒等"情绪"，文章会变得栩栩如生。

假设你正在边听演讲边做笔记。对于初次听到的内容，你可能会点头赞同或感到惊讶，根据当时的感受，放大或缩小笔记中的"对话框"。比较重要的话，可以用粗线条对话框标出，或用戏剧性的漫画人物来表现；演讲者透露了一些真实想法，可以用史努比漫画中的叠加椭圆形"对话框"来表达；感到愤怒的部分可以写入带刺的对话框。

当你再次读这些对话框笔记时，会发现这比仅仅阅读文字笔记更能生动地回忆起演讲的内容。

"对话框"笔记法

一位大学生展示了听我讲座时记下的笔记，大部分使用了"对话框"，还画了一些似乎是原创的卡通形象，配上惊讶或噘嘴的表情。

第一章　结局的艰难

● 一位学生在立教大学听"医院管理"课程时记下的笔记

●立教大学「ホスピタルマネジメント」の講義で学生が書いたノート

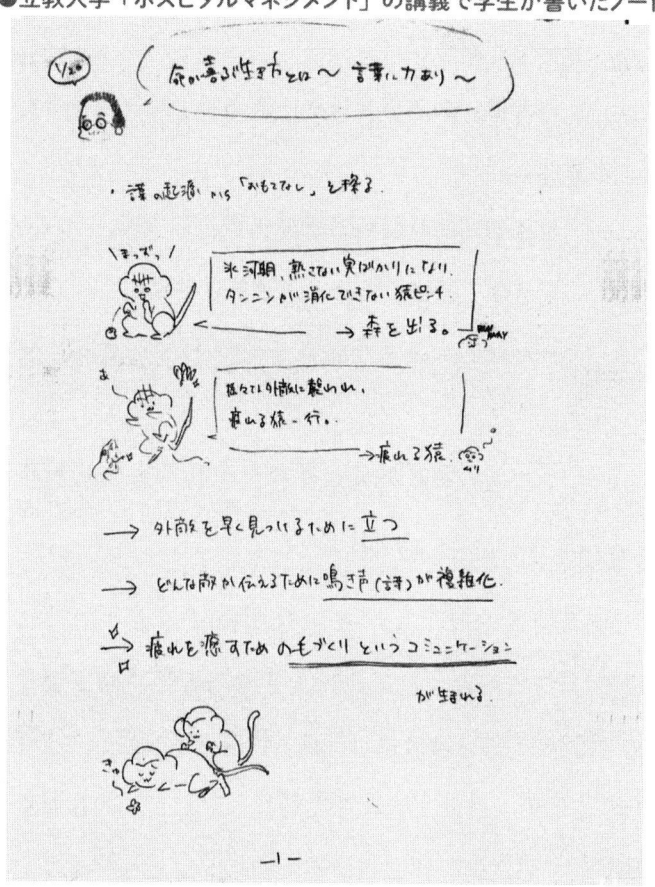

— 1 —

图中译文依次如下：

老师：开心的活法～语言中蕴含力量～

• 从语言的起源探寻"待客之道"

猴子："难吃！"

冰河期，果子还未成熟，消化不了鞣酸的猴子们逃出森林。

猴子们不断被其他动物侵扰，疲惫不堪。

——→为了更快发现敌人，猴子学会<u>站立</u>

——→为了传递敌情，猴子的<u>鸣叫（语言）呈现复杂化</u>

——→为了缓解疲劳，猴群中出现<u>挠痒痒</u>这种沟通方式

刚看到笔记时，我本来想对这位学生说"学习认真点！"，但仔细一看，发现他其实非常巧妙地总结了课堂内容。我强调的部分被放进对话框，我题外话谈到的"猴子的生态"，他用一只正在梳理毛发的猴子来展现，简直就像用LINE的"对话框"和"表情包"制作的笔记一样生动。看

着这份笔记，我对年轻人的"总结能力"感到钦佩。

"对话框语言"驱动社会

刚到广告公司工作时，我的底稿都是手绘的，将广告对白或旁白写在"对话框"中。

作为一名文学爱好者，我的语言"书面色彩"浓厚。前辈教导我，即使是记日程或笔记，也要采用"对话框"的形式，在里面写上轻松的文字。这让我受益终身。

日本前首相小泉纯一郎的演讲迷倒很多人。他的一些话，比如"（你们）忍受痛苦，尽力了。这让我感动""打破自民党"，都非常适合用"对话框"表达。

小泉选择了简短有力、节奏感强、漫画式的词汇，完美总结了现场的要点。

观察当今政坛，不论是美国总统特朗普的推特，还是小泉进次郎的演讲，长篇大论的书面演说已经退出历史舞台，取而代之的是短平快的"对话框"式演讲。似乎人们的心灵和整个社会都在被"对话框言语"驱动。

精简写作

利用网络翻译检验文章是否易懂

随着网络翻译的发展，如今可以瞬间将简单的日语翻译成英语。越来越多的人利用这项功能检验文章是否通俗易懂。

比如，将前文提到的"本产品若直晒，可能会变色"的警告用网络翻译一下，就是：This product, when stored in a location corresponding to direct sunlight, there is a risk of discoloration。翻译成英语后，完全没有包含"避免直晒"的含义，背离了原文要点。

那么，如果将"存放本商品时，请避免直晒"翻译成英文，即：This product, please save to avoid direct sunlight。这样任何人都能理解该如何去做。

不仅是商业，文章也在走向无国界化

为了在语言无国界化的趋势中生存下来，我们需要写出

第一章 结局的艰难

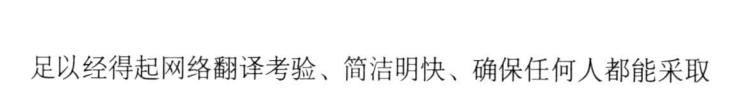

足以经得起网络翻译考验、简洁明快、确保任何人都能采取正确行动的文章。

文采是否飞扬、能否让人拍案叫绝，完全无关紧要。重要的是能否写出准确传递信息的精简文章。这些文章经过网络翻译后，对方能够明白"应该怎么做"。在网络翻译准确度不断提高的今天，你必须具备这个技能。

据说在 Instagram 上获得世界各地读者"点赞"的作者，图片说明往往简单明了、经得起网络翻译的考验。正是因为这些文字足够精准，才能得到世界各国人民的理解。

尝试为一切命名

我的日志上记录着几个"喝酒聚会小组"的名字："无聊聚会""灵魂自由聚会""胜利欢呼聚会""无所谓聚会"。

"无聊聚会"诞生自一个朋友的提议——"咱们别再抱怨，也别在背后说坏话啦，就聊些轻松无聊的话题吧"。这个聚会小组由大约十人组成，已经持续二十年之久。

以"让我们成为可以谈论一切的朋友"开始的"无所谓

聚会"也已经持续快五年了。

我发现，"名称"和"标题（题目）"中藏着魔力。

如果不给聚会起个名字，就只是不特定的一些人聚集的一次普通活动。然而，聚会一旦被命名，就形成了一个有特色的集体，产生了持续性和忠诚度。

这很像"品牌"一词的起源——"打上烙印"。在牛的臀部打上主人"约翰"的名字，从这一刻起，这只普通的牛就变成了"约翰的牛"。同样，给挖出的萝卜贴上超市的标签，这根萝卜就成了"某某超市的商品"。

如果能给事物起个准确恰当的名称或标题，就能立刻了解其从属和要点，加快信息传播速度。

广告公司有很多擅长命名的大师。一位设计师说，画广告底稿时需要用到一支即将耗尽墨水的签字笔。他将那支笔命名为"朦胧"。如果和别的笔混在一起，这支笔再普通不过。一旦被命名后，即便下属也能很快找出哪支笔是"朦胧"。

我去一位朋友家玩，从车站出发沿着一条笔直的长路走，周围稻田连绵，天空格外辽阔。"每天走这条路上下班

第一章　结局的艰难

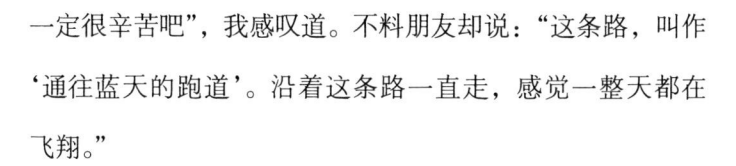

一定很辛苦吧",我感叹道。不料朋友却说:"这条路,叫作'通往蓝天的跑道'。沿着这条路一直走,感觉一整天都在飞翔。"

被命名后,原本普通的乡村道路瞬间变得像通天跑道一样不可思议。这正是名字的力量。

命名是在训练"总结能力"

写精简文章的秘诀,在于不断培养给万事万物起名字和标题的能力。

丰田汽车将企业生产管理方法总结为"精益生产法""可视化""五个为什么"等。这些命名堪称绝妙。

"泡沫经济""安倍经济学"等政治经济术语,也可谓新闻界的杰作。

当思索如何做好演讲撰稿人的工作时,我发现许多知名企业家非常擅长命名。比如三得利创始人鸟井信治郎有句名言"放手去做吧"。很多企业家能将理想、人生哲学凝练成朗朗上口的短语。反过来说,他们的卓越也体现在这些短语的力量中。

无论企业规模大小、知名与否，只有擅长精简发言的企业家，才能抓住人心。

如何向他们学习？我们需要精读这些著名企业家的著作和名言集。**书中包含那些企业家独特的措辞和命名，抄写这些内容，揣摩如何抓住人心。**

此外，通过阅读各大企业网站刊登的"社长的话"专栏，你会发现该公司特有的标题和命名，这些内容能精简表达公司的愿景。

在参考这些内容的基础上，请你为自己的下一篇文章起个标题吧，或者也可以尝试为正在参与的工作或项目以及将要实现的目标命名。

与平淡无奇的表述相比，这样做更能增强传播效果。

专栏： 用钢笔改变生活方式

我第一次感受到钢笔的魅力，是在小学三年级。

当时流行的是伸缩轴的 Pilot Elite 钢笔。小学生很少拥有昂贵的钢笔。我高兴得不得了，一有空就用钢笔写自己的

第一章 结局的艰难

名字、信件、日记。

拥有了钢笔,我觉得我的文章应该写得更好。被蓝色钢笔所吸引,我开始阅读书籍,也体会到了写作的乐趣。

由于用得太狠,到了高中,这支笔开始漏水,无法书写了。恰好那时,母亲要出国旅行,我请她帮我买支钢笔。那可是万宝龙的顶级产品。母亲看了价格,连呼"太贵了。对高中生来说,买这么贵的钢笔太早了吧"。

然而,在一旁读报的父亲却说:"他不就是想要支钢笔么。给他买吧。"

钢笔到手后,我开始写无聊的小说、诗歌、情书。

学习时几乎都用钢笔。高考复读那年,我拼命学习,用完的钢笔水瓶在桌上连成了排。

此后,无论是进入早稻田大学法学部、参与第八期《早稻田文学》刊物编写、为NHK"猜谜有趣研讨会"出题,还是日后加入博报堂、成为广告制作人,最后成为演讲撰稿人,这支钢笔始终伴我左右。

钢笔与其他书写工具完全不同。每个人握笔时,都有自己喜欢的角度、力度和节奏,坚持个一年半载,这支笔就会

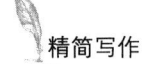

越写越顺，甚至仅仅握住钢笔就能感受到墨水在向外流淌。

慢慢地，我开始和钢笔融为一体，有一种身体内部流动的是红色血液、身体外部流淌的是"蓝色血液"的感觉。

手边没有钢笔时，我会感到不安。直到现在，我睡觉时都会把钢笔放在床边。我的半辈子就是这样过的。

时代不同了，可能我的这些感受让你陌生。但如果你还年轻，渴望写出"具有自我风格的"独特文章，那么对钢笔的投资并不算奢侈。只需出三万日元，就能获得持久陪伴，还能"流淌蓝色血液"。

选择钢笔时一定要试写。即使是同样的钢笔，书写的感觉有时也会完全不同。如果有喜欢的款式，请多试几支。

试笔时，最好别在文具店为你准备的纸上写，而应写在你日常使用的笔记本或日志上。因为店家可能特意准备了容易书写的纸张，用自己的纸才更能检验书写效果，比如透写程度、墨迹扩散和笔尖阻力等。

试写时，要写"永"这个字，因为它包含了汉字的重要笔画，可以全面检验书写的顺畅感。还要写自己的名字，这是一生中最常写的文字，你可以认真仔细地写，也可以快速

第一章　结局的艰难

潦草地写。

再试着竖写、横写，写英文字母。然后观察字迹，选择能写出最漂亮字体的那支钢笔，它一定会成为你很好的伙伴。

现在，我拥有几支相当罕见的钢笔，有的甚至升值数倍。但对于钢笔来说，最重要的不是价格，而是能将自己的想法顺畅地转化为文字。文字的价值不在于是否写得工整、漂亮，而在于能否准确表达自己的所思所想。

本书的主干是如何找到文章要点、快速有效地总结要点。老实说，我认为获得这种能力的最快方法，就是拥有一支稍微高出自己购买力的钢笔。书写大型交易合同、结婚登记和出生登记、决定业务成败的请求书、道歉信以及感谢信时，这支笔都在你身边。

你的生活方式将由此改变。

第二章 打造精简文章框架

第二章 打造精简文章框架

设置路标 一气呵成

在第一章中,我们讲述了如何寻找要点以搭建"精简文章"框架、如何写总结等,第二章将在此基础上介绍实战写作的技巧。

一气呵成,再大幅删减。这是创作内容充实的文章的秘诀。

我在《朝日小学生新闻》开辟连载专栏"致人群中的你",每篇文章大约550字。在写作过程中,我通常会一口气写出近1 200字,这其中包括收集整理的材料、自己的思考、想让孩子们记住的关键词等。对于记不太清的部分,我会先标上"※",写完再查证。

有想法,我就一直写,只有当我觉得大脑中可以调动的资源几近枯竭时,才停笔。这时候写出的内容通常是规定字数的近两倍。

此时文章的完成度并不高,因为只是想到哪写到哪,比较混乱。当我大声朗读时,才会意识到"啊,这部分并不需要"。文中还有多处是出于"都费劲查了半天,不写上去多浪费啊"的心态写进去的。但没关系,索性先把脑海中想到的都写上。

把"连词"当作路标

写作时应该注意的是,**要有意识地使用"连词"**。比如"但是""换句话说"等连词,就是指示文章走向的信号和路标。

当你再次阅读时会发现,有意识地使用连词,能更容易分辨文章的起承转合。

无论是给小学生的作文还是大学生的论文打分,我经常会因为作者误用"例如""因为""此外"等连词而感到困扰:"例如"后面没有举例,"因为"之后没有解释,"此外"后面毫无展开……很多人没有真正理解连词的作用。

学生通常从小学四五年级开始学习连词。学习连词的理想状态是,通过阅读新美南吉的《小狐狸阿权》、宫泽贤治的《要求太多的餐馆》等包含恰当顺承连词、转折连词的文章,自然而然地掌握连词的用法。但实际上,很少有大人会在这一阶段让孩子注意文章中连词的用法。

因此,许多人在小时候对于"又"和"然后"、"因为"和"即"、"另一方面"和"与之相对"等意思相近的连词,是随意使用的。长大后,他们却常常因为被批评"文章难以理解"而感到苦恼。

为了使行文一气呵成,应有效使用"连词"。下面我来教你使用连词的诀窍。

禁用"虽然、即使、尽管"和掌握"固定搭配"

请记住,禁止使用"虽然、即使、尽管"和掌握"固定搭配"①,这是恰当使用连词的技巧。

我先来解释一下为何禁止使用"虽然、即使、尽管"等连词,因为这会使文章变长且难以理解。比如"我虽然没有多少时间,但会尝试一下"这句话,可以改为"我没有多少时间。但我还是要尝试一下"或"我没有多少时间。因此,

---

① 此处所讲的禁用词和固定搭配,特指日语中的情形,请读者参考阅读。——译者注

我必须尝试一下"。可见，只需改变连词，就能更清晰地表达本意。

所以，在阅读自己的文章时，看到使用"虽然、即使、尽管"的地方，不妨试着将句子拆分成两个独立短句，并用恰当的连词衔接。这可以避免文章过于冗长。

接下来让我们记住一些连词的固定搭配（"的确""实际上""曾经"是副词）。

"**的确**，这件商品价格高昂。**但是**，由于使用了大量稀有材料，因此其商品价值也相应增加。""**究其原因**，他为什么会去那里？**实际上**，那里有解开他出生之谜的关键。""**曾经**，日本人普遍被认为善于忍耐。**但是**，如今不仅是孩子，甚至连老人都似乎忘记了忍耐。"

如上文所述，记住"的确……但是""究其原因……实际上""曾经……但是"这样的搭配，就能写出具有明确指向的文章。

其实，除此之外还有很多固定的连词搭配，阅读时请有意识地搜集这些连词，活用到自己的文章中。

第二章　打造精简文章框架

文章一气呵成　删减毫不留情

现在我将毫不留情地删减那些一气呵成写就的"膨胀"文章。"删！删！删！再多删一些！"我不断告诫自己，狠下心来删减。

"这部分和主题无关吧""这种说法未免太矫情了""句子太长""逻辑不通"……我一边大声呵斥自己，一边删除不必要的内容。在精简文字方面，我是对自己无比严格的裁判。

就我个人经验而言，正是因为初稿写了指定字数两倍以上的内容，删减后的文章才更有趣。比如要写一篇 800 字的文章，最好先写到近 1 600 字，精简后的内容会更凝练。

一气呵成写就的文章能反映出作者的性格。比如有的人一写批判性强的文章就会变得啰哩啰唆，有的人喜欢长篇大论地描述情境，有的人喜欢频繁改变观点，还有的人爱插入无关的"碎语"。

我在写作时，总有种"炫耀知识"的冲动，嵌入了太多不必要的知识点,以至于模糊了主题。我要删除的就是这些不必要的知识点。

同时,为了让读者更易理解,我经常换种说法表达相同内容,这部分也要删减。有时候,我甚至会将文章删减到比规定字数还短。正是因为经过这样的严格处理,文章才变得更紧凑。

削减文章时须注意两点

第一点是前文提到的"连词"。我已经在刻意避免,但仍然会在无意识中使用"虽然、即使、尽管"等禁用的连词。这些连词会让人不假思索地堆砌句子,不知不觉就被写进文章中。

例如,文章中有这么一句:"虽然山崎先生直到深夜还在练习排球,但还是第一轮就被淘汰了。"这里出现了"虽然"。如果将这句改为"山崎先生直到深夜还在练习排球。然而,第一轮就被淘汰了",用转折连词"然而"会让句意更加清晰。

但我们对文章的推敲还不能就此止步,索性把"然而"

第二章 打造精简文章框架

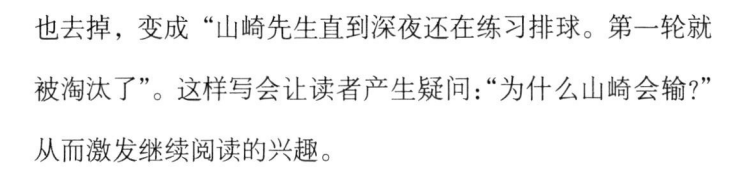

也去掉，变成"山崎先生直到深夜还在练习排球。第一轮就被淘汰了"。这样写会让读者产生疑问："为什么山崎会输？"从而激发继续阅读的兴趣。

通过简化句子，创造出让人想继续读下去的文字，这是引导读者读到最后的技巧，也是谷崎润一郎在《文章读本》一书中提到的"不要使用连词"的原因。

应尽量删除那些即便没有也不影响理解的连词。

删减文章时需要注意的第二点是——"省略主语"。日语中，即使没有主语，句子也能成立。如果每句都加上"我""他""那个"，就会显得啰唆。

推敲文章时，我建议尽可能删除那些无意识添加的主语。

在撰写自己不擅长的报告、论文、提案书时，人们往往担心直截了当地写会引发误解，或出于各种担心而不断添加额外信息，导致文章变得冗长。我的建议是，快刀斩乱麻地删减这些冗长内容。我们的口号是："删！删！删！再多删一些！"

精简写作

开篇采用《桃太郎》

写文章时，我经常会在"开篇"部分犹豫不决。人们常说，要将文章归纳成"5W1H"［即"何时（when）、何地（where）、何人（who）、何事（what）、为何（why）、如何（how）"这六大要素］才好理解。在商业环境中，还会加上"多少"（how much/how many），变成5W2H，以使内容更加明确。想必你在中学时也反复练习过这种写法吧？

但文章写得顺利吗？如果试图将所有这些要素都写进文章开篇，是否觉得文章变得过长或者过于生硬？

我也有过同样困扰：如何为这些要素排序？怎样恰当融入"为何"（why）？

开篇模板《桃太郎》

森鸥外为我解开了这个困扰。他曾整理了各地不同版本的《桃太郎》故事："很久很久以前，在一个地方，住着一对老夫妻。"如果将这句话按照5W1H进行拆解，就是"很久

第二章 打造精简文章框架

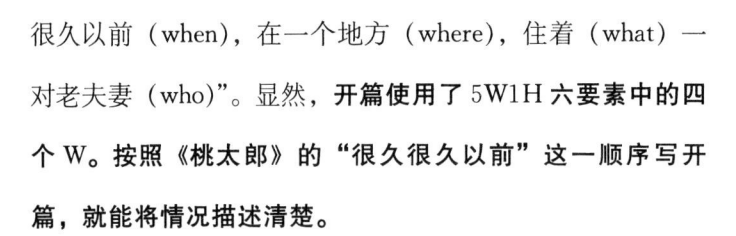

很久以前（when），在一个地方（where），住着（what）一对老夫妻（who）"。显然，**开篇使用了 5W1H 六要素中的四个 W。按照《桃太郎》的"很久很久以前"这一顺序写开篇，就能将情况描述清楚。**

人们往往将构成文章的要素一股脑归纳为 5W1H。但实际上，表示目的和原因的"为何"（why）以及表示手段和方法的"如何"（how）才是写作的主要目的。这些不是靠简单的一两句话就能解释清楚的。

如果想让读者在文章开篇了解梗概，就可以按照《桃太郎》的顺序写。比如，"昨天下午 4 点，在位于大手町的鹿岛商事，会见了山崎社长""2017 年 6 月 10 日，在京都市伏见的 Paper Moon 株式会社，太田社长发布了新产品""1868 年 3 月 14 日，在田町的萨摩藩邸，东征大总督府下参谋西乡隆盛与旧幕府德川家陆军将领胜海舟进行了会谈"等。

介绍时间和地点的顺序可以调整，但比起何地，人们通常更想先了解事情是何时发生的。这也正是森鸥外从"很久很久以前"开始写《桃太郎》的原因吧。

精简写作开篇的技巧是，通常需要用到 5W1H 中的四

47

个 W 来提炼要点。

这种方法特别适用于撰写报告书等场合。当然，不仅是写作，做口头报告时也请记住《桃太郎》的叙述顺序。如果你能像讲述《桃太郎》开篇那样开始你的报告，就能给对方留下深刻印象。

用"先下结论"来快速表达

到目前为止，我已经介绍了在报告开篇使用 4W［何时（when）、何地（where）、何人（who）、何事（what）］来概括要点的方法。然而，当你阅读书店中摆放的大量介绍"交谈术"和"写作术"的书籍时，会发现这些书都异口同声地建议你"先下结论"。

许多年轻人在阅读这些书后就囫囵吞枣，不对读者或听众的情况加以辨别，直接陈述结论。

的确，在商业活动中，先把结论说出来非常重要。**但也请记住，一定要让对方了解"现在处于何种情况"以及"正面临什么问题"，并对此产生共鸣。**

第二章　打造精简文章框架

广告策划人仲畑贵志曾写道:"先下结论,再写广告词。"我在三十多岁时才听到这句话。仲畑贵志创作的许多著名的广告词,都是结论先行,比如:给制药公司武田药品工业创作的广告词"感冒就是给社会添麻烦",给夏普公司创作的"目之所及皆锐利"。

品味仲畑贵志的作品,我对"先下结论"的力量感到震撼。这让我想起大学时代老师提到的芥川龙之介的口头禅——"换句话说"。我的老师说,正是因为芥川反复说"换句话说",才能写出那么紧凑的短篇小说,在叙述逻辑时没有废话。当然,这位老师已离世,他介绍的关于芥川龙之介的内容并无史料记载,所以真伪难辨。但对我而言,"先下结论"和"换句话说"成了增强说服力的魔法词语。

用 4W ＋ "先下结论" 增强说服力

下结论时,不需要陈述前提,只要写下"先下结论"后面的句子就可以了。比如:"(先下结论)未来的考生需要阅读理解能力。""(先下结论)这个产品,进入市场为时尚早。"如此这般,可以畅快地得出结论。

然而，在日常商业活动中，大多数人不是像你那样已经提前深入思考过某个议题，往往是抱着类似"今天是开什么会来着?""这个报告的主题是什么来着?"的认知来阅读你的报告。所以，在陈述结论前，需要添加一些解释说明。

这时，请回忆起我之前介绍的《桃太郎》的开篇，也就是"何时、何地、何人、何事"这4W，尝试把它们写在结论前面。比如，先写"昨天，在东京大学与光永教授讨论了新的入学考试制度"这个由4W构成的开头，然后再写"(先下结论)未来的考生需要阅读理解能力"。

在陈述结论前，嵌入《桃太郎》式的开篇，可以帮助对方在阅读报告时与你站在同一认知平台，也能让你得出的结论更具影响力。

写作时使用"4W＋先下结论"，请记住这个顺序。

用"简直太……"吊起对方胃口

在前文中，我提到了用"4W＋先下结论"的方法写报告开篇，这在以报告为主的商业文书中往往发挥巨大作用。

第二章 打造精简文章框架

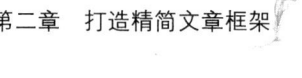

然而,对于博客或社交媒体等比较私人的、紧急性和重要性不高的文章而言,这种方法并不能激发读者的阅读兴趣。

接下来,我介绍另一个能激发读者兴趣的写作技巧。

扇谷正造是"二战"后"媒体三杰"中的一人。离开朝日新闻社后,他撰写了大量评论、散文和自我激励类书籍,可谓那个时代的宠儿。

据说,当新入职的记者写稿遇到困难时,他常常建议:**"先写'简直太……',然后再写下你所看到的或你深切感受到的事情。"** 扇谷举了这样一个例子:"简直太可怕了。从边缘伸出两只脚。那里有一具尸体。"

这个例子给我不少启发。

假设你尝试在博客或社交媒体上写一篇随笔,如果有想写的主题,就会很流畅轻松地写出来。如果没想好主题,写作就变成一种折磨。这时,可以先写下"简直太……",然后描述你眼前的景象。

比如:"简直太困难了。我们一家三口,却只有七片肉。昨晚的火锅变成了心理折磨。""简直太难了。我找不到女友送的围巾。原来落在出租车里了!""简直太难了。当麦克风

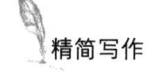

对准我时，我脑海中一片空白，差点忘了自己的名字。"

只要写下"简直太……"这样的开头，即使是描述生活中的琐事也会给人一种大事来临的感觉。

如果能掌握这种从高潮开始写作的方法，就可以吊起读者胃口。

当你更新博客时，尝试以"简直太……"作开头

你可能不擅长阅读古典小说，往往读了 20 页还是摸不着头脑，勉强读到 50 页，故事还是没有展开。这很常见。

在过去时间充裕的年代，故事的开头通常会用大量篇幅介绍时代背景——主人公所在的地点、人物关系、性格特点等，然后故事才慢慢展开。但现在，我们可没有那么悠长的时间。无论是电视剧还是电影，往往是一开始就要让观众卷入事件。"天哪，出大事了！"这是惯用的开场白。随着事件的展开，主人公的性格和场景设定才逐渐清晰。

你在写博客或社交媒体文章时也是同理，开篇就要让读者卷入事件，让他们紧张兴奋，时不时地调整节奏，直至读完。

除了"简直太……"之外，你还可以尝试其他开头，比如"这句话真让人感动""终于等到这一刻""有些事，我必须向大家道歉""所有的事都可以尝试一下"等等。请多积累这样引人入胜的开篇吧。

我曾经让小学生练习从高潮开始写作。比如，以"那一刻，从天而降"开篇续写。有的同学写"那一刻，从天而降一个超级月亮"，有的写"那一刻，从天而降一个苹果。到底是吃还是不吃？这一想就是十年"，还有的同学甚至写"从天而降一只大猪和一只小猪"。

他们都以意想不到的高潮开篇，然后编出蕴含奇思妙想的故事。这样的联想可以让思维变得灵活。

就让我们以"简直太……"开篇，开始写作吧。

按照"对方本位"的顺序写作

我在前文介绍了文章开篇的写作技巧。但在某些情况下，比如在 Twitter 或商品促销广告等字数极为有限的文本中，这些技巧并不适用。

在撰写此类短文时，删除前言、开门见山地强调主题才更有效。强有力的文章和演讲能够吸引听众关注，促使人们行动。"煽动"是演讲撰稿人的重要工作之一。煽动不仅适用于政治，也是日常生活中强化语言效果的技巧。

假设 Twitter 上有这样一条信息：

> 某地区建设局宣布将对高速公路采取雪天限行措施。请务必换上防滑轮胎。

首先，在 Twitter 发布这种日常生活的必要信息是值得肯定的。单从内容来看，这条消息涉及可能导致车祸的紧急内容，发布时有必要提高警告程度。读者浏览 Twitter 时，通常都是快速翻阅。因此，我们要让读者在文章开篇就意识到"这对我很重要"。

如果按照上文的写法，显然这给人的感觉不过是一条普通消息而已。这样的表达，与其说促使对方采取行动，不如说更多是在强调某局召开了一个会议。而"希望更多司机换上防滑轮胎"才是对读者来说更重要的信息。

我们应该巧妙地利用"煽动性"，提高读者的关注度。

第二章　打造精简文章框架

试试调整一下语序，按照对方本位的顺序写——

请务必换上防滑轮胎。某地区建设局宣布将对高速公路采取雪天限行措施。

可见，"煽动"的窍门是，首先传递对读者有利的信息。

敏感察觉"对方本位语言"

日常生活中，我们要敏感地察觉到体现对方本位的词语。我举个夏天在超市看到的例子。

炎炎夏日，不知为何，肉类销售区聚集了很多顾客。在这种让人厌烦的天气里，人们不是应该更倾向于吃凉面而非肉类吗？我走近一看，一位穿着围裙的店员在肉类试吃区大声吆喝：**"桑拿天已经持续了三天！就在今晚，让您家那位尝尝美味的熟肉吧！"**

这是一家比较高档的超市，店员通常会宣传熟食的品质和制作工艺。但是那天，与其宣传肉的品质，不如直接向客户陈述事实："桑拿天持续了三日"。

听到这话的瞬间，顾客就会产生共鸣："怪不得感觉这么

55

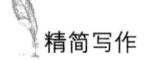

累""已经持续三天了吗""那今晚得吃点肉补补了"。

此时此刻、此情此景下,说什么能让顾客产生共鸣?销售手册上并没有写。这就需要我们看新闻、查天气预报、倾听周遭谈话,对那些能让顾客产生共鸣的、以对方为本位的语言保持敏感。

以对方 "能得到什么" 为主线构思文章

我们继续讨论以对方为本位的写作技巧。以"对方能得到什么"为主线构思文章,说易行难。

我们常说要"为对方考虑",但往往不知不觉间就开始叙述自己。

我们总是倾向于先讲述"本公司产品有多优秀",而非"购买它,您将获得什么好处"。 许多失败的广告是先谈商品,而非消费者的需要。

我讲一个真实例子。我曾与一家生产金泽传统工艺品公司的社长交谈,当时新干线刚通车至金泽不久,我们讨论如何提高一款刺绣胸针的销量。这款胸针的刺绣很美,将金泽的传统技艺与社长的独特设计融为一体。

"我们的刺绣胸针拥有超过百年的编织技术,这样精湛的工艺是别的地方找不到的。"社长滔滔不绝地介绍产品。**但他没有说出最重要的内容,即这个产品为谁而设计,消费者从中能获得什么。**

一旁的社长夫人打断了他,说:"我们家那位总爱自夸,所以东西卖不出去。金泽现在通新干线了,游客中增加了很多年长的女性。她们拿到这款胸针,首先会说'好轻啊'。因为旅行时谁都不想别太重的胸针,肩膀容易疼。而且现在大家都喜欢拍照发朋友圈,这款胸针比较大,穿黑色高领衫时戴上它,就像换了一件衣服似的。"

这位夫人准确抓住了"对方能获得什么"这一要点。如果将其概括成约40字,就是:**"最适合旅途中拍照,戴着轻便、不累肩膀。而且比较大,戴上它可以改善整体的衣着形象。"**这就是根据"对方能获得什么"来撰写的文章。

极力抑制自我表达 思考能给对方带来什么

这是我们广告人要接受的严格训练。比如,问对方"吃橘子吗？"，如果对方不想吃，无论你怎么说"好吃""冰鲜""刚摘的"，都不会引起他们的兴趣。

这时，你可以试着说："为了不感冒，要不要补充一些维生素 C？"你要做的是，思考对方吃下这个橘子能获得的最大好处，并用言语表达出来。这就是广告文案的本质——以对方为本。

即使对自家产品非常有信心，也容易不由自主地谈论其与同类产品的区别、自家的传统、等级以及开发过程中的艰辛，此乃人之常情。

但请记住，在这个信息泛滥、人们急于摆脱无用信息的时代，没有人会真正关心别人的自夸。

这不仅适用于产品宣传文、计划书、提案书，同样也适用于聚会邀请函。

当对方问"这会给我带来什么好处？"时，我们要能清晰、简洁地回答，为对方描绘出获得商品时的感受。

当你从以自我为中心转变为以他人为中心时，你的文字才能真正打动人。

掌握易错语法、敬语[①]

为了让对方善意地阅读我们的文章，我们应当掌握正确的语法和敬语。话虽这么说，但日语的敬语和语法结构非常复杂。

战后教育并未重视敬语，如今即便是老年人也经常用错敬语。顶级企业的网站或宣传册中刊载的总裁致辞也常含有语法错误。但这不意味着我们可以见怪不怪。这些人依旧会把自己的问题抛在一边，批评年轻人"用词不当""没使用敬语"。

仔细听来，他们指出的敬语问题非常有限。除此之外，他们自己也没有把握，于是当找到一些显而易见的错误时，就像抓到鬼一样指责他人。我们可不能输给他们。

下面我来介绍一些常犯的语法和敬语错误。

[①] 此小节内容特指日语中的情形，请读者参考阅读。——译者注

如何克服"幼稚语"?

孩子们的文章常以"我高兴呀""好玩"结束。这看起来非常幼稚。现在成年人也常常这么用,但严格来说这是不妥的。

或许更为妥当的表达应该是"甚为高兴""非常之有趣"等。然而,现在几乎没有人会用这种古老的表达方式,这么说话反而让人感觉古怪。

为了不让文章听起来幼稚或过时,许多人都在努力寻找更好的表达方式,同时避免让人感觉居高临下。确实,"高兴"和"有趣"本身就是比较笼统的情感表达。**当你想用这些词时,请先忍住,具体思考一下"为什么而高兴?""有趣的点在哪里?"**。

思考之后,就可以把"甚为高兴"改为"听到你的声音,我感到安心""你的关心让我感动",把"非常之有趣"改成"我笑个不停""那段谈话很有趣",这样一来不仅内容更加具体,还可以使文末表达更加多样化。

注意不要过度使用敬语

不知道你是否有过这样的经历：本来写下"石井淳部长"，但认为直呼其名不礼貌，不由自主想改成"石井淳部长先生"；写下"我拜见"后感觉显得自己有些狂妄，于是又叠加了一个敬语态。

其实这些都是错误的。

如果某人的名字后面已经标明职务，无须再额外添加敬语。

在填写收件人时，应该写"部长 石井淳先生"。此外，**"拜见"的"拜"已经是敬语表达，无须再叠加敬语态。**

不熟悉敬语语法，写出的文章更容易出现过度使用敬语的问题。尤其是年轻人，为了不伤害对方，敬语用得过多过滥。为了写出凛然洒脱的文章，我们应避免过度使用敬语。

综上所述，克服了以上几点，就可以避免文章中大部分易犯的错误。当然，能掌握正确的语法是最好不过的了。借此机会请加强这方面的学习吧。

精简写作

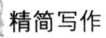

选择小学四年级学生都能读懂的词汇

古人将 10 岁称为"つばなれ",这是因为我们数数时,从"一"到"九"的日语数字都是以"つ"结尾,从"十"起首次出现结尾不是"つ"的数字。

到了 10 岁左右,孩子的大脑发育成熟,独立意识增强,与父母渐行渐远。古人称 11 至 12 岁为"见习",13 至 14 岁为"丁童",也就是说孩子开始独立工作。如今小学高年级的学生,在过去已经开始步入社会。

演讲撰稿人常常说"要用 10 岁孩子也能理解的语言来表述"。

那我们先来看看小学四年级都掌握了哪些词汇。

"要点""观察""希望""议题""完全""共用""消费""信用""成功"……我们从大约 10 岁起不断学习社会生活中的常用语,从能够应对交谈的词汇,到社会生活所必须掌握的汉字和惯用语,对语言的学习不断深入。

到了初中、高中,根据学习程度的不同,每个人对词汇

第二章 打造精简文章框架

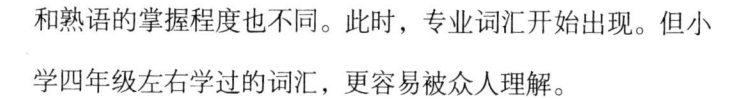

和熟语的掌握程度也不同。此时，专业词汇开始出现。但小学四年级左右学过的词汇，更容易被众人理解。

NHK《每周儿童新闻》主持人池上彰解说的新闻之所以通俗易懂，是因为他的讲述面向的是那些刚满 10 岁的少年观众。

无论多么复杂的政治或经济话题，池上彰总能选择那些小学四年级学生都能理解的词语进行解读，因此很有趣、吸引人。

我在《朝日小学生新闻》开设的专栏，也基本是用 10 岁左右的孩子们都能理解的语言来写的。写作时，我会把截至小学六年级学过的汉字、惯用语的复印件放在电脑旁，随时检验自己使用的语言是否超过这个范围。

我刚刚用了"检验"这个词。可能有人觉得这个词有点高级，但这正是小学五年级需要掌握的词汇。[1]

网上能找到一些应用程序。将词语输入后，就能显示出这是小学哪个年级需要掌握的词汇。

---

[1] 指日语中的情形。——译者注

精简写作

"简单用词"是世界潮流

这不仅是日本的趋势，也是世界的潮流。

不管是耐克公司的著名广告词"Just Do It"还是苹果公司的宣传语"Think Different"，使用的都是几乎全世界所有人都能理解的词汇。

随着人们的活动日益全球化，写作时如果选取小众才能理解的词汇，会让很多人感到不快。

当然，有人会对这种简单用词的趋势表示异议。他们会说："不光有那些通俗易懂的事物，也有那些抽象度极高的难以理解的内容。""写得过于简单，一味迎合读者，只会导致大众的思考能力进一步下降。"

这种说法有其道理。确实，我们不可能将宇宙万象都进行简单化的解释，但这不意味着我们可以忽视需要让更多人理解的努力。

上我的课的学生，年龄跨度很大，下至小学二年级学生，上到70岁左右的老人。我们曾经从词源来学习"爱"与"恋"的区别。

第二章　打造精简文章框架

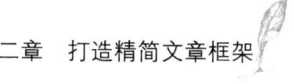

一天，我收到一封邮件，是一位小学二年级男生的母亲发来的。她说，孩子比较内向，但有一次和爸爸洗澡时，兴高采烈地讲述了"爱"和"恋"的区别。爸爸感到很惊讶。我认为，这才是传道授业的理想状态。即使对于难懂的事物，如果能掰开了揉碎了、以有趣的方式讲授，学习的人也会从中感到乐趣，并产生想与其他人分享的冲动。

写出小学生都理解的文章，你的文章就能让几乎所有年龄段的人理解。

用自定义展现独创性

文章能让人拍案叫绝，一定是读者从中找到了新发现。这不单指内容上的新奇，还包括对词语也具有原创性的使用。这就需要所谓的"词汇力"。但这并不意味着需要记住许多难懂的词。

即使是同一个词，通过重新定义、用不同的方式表达，你的词汇量也会增长。

畅销书作者渡边和子说，"love"这个词，过去的隐匿基督徒将其解释为"重要的人或事"。对于一直以为"love"等于"爱"的我来说，这就是个新发现。

通过对事物进行再定义来展现原创性。

在某大学的课堂上，我让学生定义"自卫队"，有人说"用生命去守护生命"，这就很好地体现了自卫队的本质。

即便是常见词汇，"如果我来定义会是什么？"，经常进行这样的思考很有意义。

我们总说"富裕国家"，这个富裕指什么？经济繁荣，还是粮食充足？我思考后得出的定义是，"每个人都能微笑着生活"。即使是手上有钱、能吃饱饭，但如果大家脸上都挂着悲伤，那也不能说是富裕。这么想着，我觉得"健康"也可以定义为"能笑出来"。因为生病时，你很难笑出来。

提起自定义这个话题，一位和我关系比较好的广告文案写手说，"只要我妈妈还在注意打扮自己，就证明她健康"，"生病"就是"不再打扮自己了"。这真是具有原创性的定义啊。

你也试试看。比如，电视正在播放"维持现状"的节目。你会如何定义它？我觉得几乎等同于"拖延"。虽然"维持现状"听起来不错，但实际上就是没做决定、不采取行动，长期来看这不就是"拖延"吗？

再假设，你面前的人很生气。那么，如何定义"生气"？他一直反复大喊，根本不在乎周围的人怎么看他。这样看来，是不是可以将"生气"定义为"越来越无视周围"？

对于眼前不断变化的景象，用最应景的词语进行描述，这就是自定义。

比如："传统，就是不断变化的事物。""聪明人，就是能够承认自己不懂的人。""幸福，就是祈愿他人幸福的心情。""控制，就是决定结束的行为。""专注，就是对做什么进行断舍离。"

无论是在会议中还是吃饭时，对于听到、想到的词语，都可以进行自定义——"如果是我，将怎样下定义"。

持续这样做，你会感觉词汇量在增长，文章也更具锋芒。

重复他人定义的文章是无聊的

无聊的文章，就是照搬他人定义和解释的文章。在这个互联网高度发达的时代，就连小朋友也能很快检索每个词的所谓"正确定义"。你自己下的"定义"可能有时候显得自以为是、狭隘,甚至是错的。即便如此,"能够为自己使用的词语做出准确定义的人"总是强大的。

被称为有想法的人,并不是因为他们总能提供新鲜素材,而是对事物和词语的"定义"具有原创性。

请你用心为万事万物"下定义",撰写一本属于自己的字典吧。

践行这一点,你的文章肯定会有新变化。那么,最后让我们来为"践行"下定义——"决定现在就去做,或者一辈子都不做"。

让我们现在开始去做吧。

专栏: 边散步边写作

你的灵感通常什么时候涌现?洗澡时、如厕时、刚起床,还是与人交谈时?这些时刻都可能是灵感涌现的瞬间,记住这些时刻非常重要。

我认识的一位广告文案写手说,在地铁里最容易产生灵

第二章　打造精简文章框架

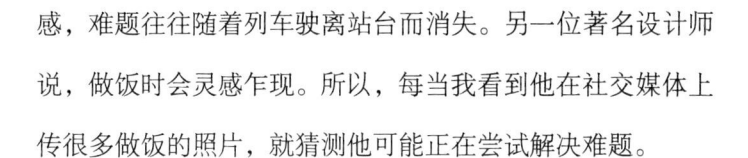

感，难题往往随着列车驶离站台而消失。另一位著名设计师说，做饭时会灵感乍现。所以，每当我看到他在社交媒体上传很多做饭的照片，就猜测他可能正在尝试解决难题。

对我来说，灵感常在散步时出现。

以前，我总是步行上班，从表参道走到位于赤坂的办公室。收到体检报告后，我不得不开始更长距离的散步。时间一长，我感觉自己发生了许多变化。

每次散步前，我总想"好麻烦，要不算了吧"。不管体重是否减轻，睡眠是否更好，反正刚开始时总会产生负面情绪。

一旦克服了这种情绪，脑海中就会出现未完成的工作、即将截稿的稿件。

接下来我要讲的很关键。

"这次考虑一下文章开篇怎么写"，散步前，我先确定一个主题，然后边走边琢磨。"到底什么是要点？接下来我就写关于要点的内容。"我边想边小声嘟囔。文章的开篇逐渐成形。

不一会儿，杂念一股脑涌入脑海——昨天会议上争执的

69

场面、广播中播放的护士来信、某一首歌的歌词、未完成的项目计划书的片段……

当这些思绪飞扬时，我突然想到"抓紧"这个词。这是不久前在某中学讲课时，一位班主任告诉我的"年级口号"。"初中一年级新生，还不熟悉新环境，学习和课外活动都要'抓紧'。"这句话的核心是"抓紧"。

我突然意识到："所谓要点，就是紧紧抓住。"要点不是巧妙的总结，而是如目光锐利的雄鹰一般，瞄准要害，紧紧抓住。由此可以拓展开来，比如：紧紧抓住一本书的要点、紧紧抓住会议或讲座的核心部分、用文字紧紧抓住人心……"以这个主题写本书怎么样？"就这么想着，我不知不觉走到公司。为了不让灵感消失，我赶紧做笔记，并开始寻找下次散步的机会。

灵感并非从天而降，而是在持续思考时，脑海中各种想法相互连接、碰撞的结果。

边散步边写作。一旦习惯了，脑海中就会展开一张稿纸，像口述笔记一般，文字不断流淌。有时我会对着智能手机说出想法，形成的文字相当于文章的大纲。

第二章 打造精简文章框架

持续一段时间,你会发现根据这些素材可以整理出很多精彩文章。

所以说,如果写作时遇到障碍,不妨出去走走。活动筋骨,也是写出好文章的方法之一。

第三章 小技巧能极大改善读者印象

第三章　小技巧能极大改善读者印象

把所有文章都当"情书"去写

在第二章中，我们讨论了"精简写作"的基本框架。第三章，我们将介绍一些小技巧，只要对文章稍做修改，就能够使其更精简、更易激发读者阅读兴趣。

有个方法，可以迅速判断政治家的演讲水平，这与演讲内容或政治信仰无关。

擅长演讲的政治家，他们演讲时仿佛是在对每个人说话，而那些不擅长演讲的政治家，他们的讲话听起来只像是在对"国民""人们""大家"呐喊，与听者无关。

这是因为演讲撰稿人将主语笼统地定义为"国民"，只写自己想说的。这样的演讲当然很难获得多数人共鸣。

作家泽木耕太郎曾说："所有的报告文学都是情书。"的确如此。无论是撰写项目计划书、报告还是在社交媒体投稿，正因为是面向某个人表达情意，文字才富有激情。

这是精简写作的基本姿态——以**"我喜欢你！"为出发点来写作**。

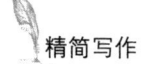

很多文章，都是为了让读者产生共鸣、成为同道中人而写。任何文章的基础都是"能与读者共情的故事"。没有共情，文章就缺乏热情。没有人会一边厌恶读者，一边希望读者能与自己产生共鸣吧？

能否将自己想说的话清楚地传达给对方，取决于你是否在写作时抱着"我喜欢你！"的心态来写。

根据对方的"心流"写作

如何让项目计划书、报告书读起来像情书？我教你一些技巧，**根据对方的"心流"来写作**。

如果你担心对方认为文章"难懂"，可能是因为你不经意间使用了"社会性关联"这样的专业词汇，不妨将其改写成"与社会有关联的事物"这种通俗的写法。此外，确认对方日常使用的词汇也很重要。如果使用对方喜欢的词汇写作，对方理解的速度会大大加快。

不要忘记写情书时的那份温柔。设身处地为对方着想，对方向上级或组织提交这份计划书时，可能会遭遇哪些问题或批评？我们写作时，要为对方的下一步、再下一步考虑。

第三章　小技巧能极大改善读者印象

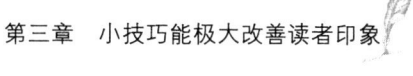

读懂了对方的"心流",你的文章将变得更容易理解。

意识到读者的个性

我入行广告创意界初期,在培训期间曾接到过一个糖果广告的任务。前辈让我看着小学毕业相册,面向每一位同学写广告文案。

打开相册,每位同学的个性跃然纸上:有争强好胜的、有爱打扮的、有调皮捣蛋的、有爱博人眼球的,当然还有懒惰的。对于爱美的同学,我要突出糖果的"可爱";对于爱提问的同学,我要着重写"糖果制作过程"。通过这种锻炼,我学会了如何在写作时想象对方的"心流"。

至今我仍然感谢那位前辈对我的指导。即使面对讨厌的人,也要以"我喜欢你!"的心态去写作。

"他肯定无法理解我写的内容吧?""我不可能每次都如此用心地去写吧?"写作时,绝不要有上述想法。

即便这是你的真心话,也要训练对着镜子微笑,大声说出"我喜欢你!",然后开始写作。

用"融洽对话"取代表情符号

商业文书中不添加表情符号、表情包，这曾被视为理所当然。然而，随着时代变迁，电子邮件成为主要的沟通渠道，即便是比较正式的邮件也开始夹杂"（笑）"这样的表述。

我不觉得这有什么可大惊小怪的。书面用语和口语的界限越来越模糊，而且通过邮件无法读懂对方的表情，有时候写上"（笑）"，让对方感受自己的情绪，这可以理解。

以往符合商业场合要求的那种"不带感情的逻辑性文章"已经不足以有效传递信息。

如今许多人每天需要处理大量邮件，缺乏人情味的文章很可能被忽略。

因此，我推荐"融洽对话"（rapport talk）。这是社会语言学家东昭二提出的概念。按照他的定义，向对方陈述事实的交流是"公事公办"（report talk），以传达情感、心理活动并让对方感同身受的交流是"融洽对话"。

第三章 小技巧能极大改善读者印象

据说演讲精彩的政治家和口才好的艺人都擅长在"公事公办"和"融洽对话"间巧妙切换。

比如最近我收到一封邮件：

> 明天早上9点前在大厅等您。听说您会晚些入住，还请确认会议安排。希望这次房间的枕头能让您睡得舒服。晚安。

邮件的前半部分指出了会面的时间、地点，属于"公事公办"。后半部分"希望这次房间的枕头能让您睡得舒服。晚安"就是"融洽对话"，因为对方记得我之前抱怨过"酒店的枕头太低"。仅此一句，就足以让人产生明天要努力工作的动力。

再比如下文。

> 明天起将在伦敦召开会议。会议资料已备好30份。有任何问题请通过此邮箱联系我。顺便提一下，伦敦的最高气温10度，请注意保暖。

"顺便提一下，伦敦的最高气温10度"就是"融洽对话"，通过提醒我出差时温差过大、注意保暖，让我和发件人产生了共情。

仅仅通过这样一句能够共情的"融洽对话"，就能缩短与对方的距离，并让"公事公办"的内容更加难忘。

为了训练撰写报告和商业文书，我日常写作时尽量不使用表情符号和表情包。从大学生的论文中，我也感受到了这么做的重要性。

"这就是……"这是论文中表达观点的句式。然而越来越多的学生表示对斩钉截铁地下结论没有信心，或者担心那样会让对方不舒服。

近来，只使用表情符号、避免明确表达自己的观点和情感的学生正在增多。由于经常通过社交媒体交流，很多学生已经无法完整表达自己的观点。

即使有些人认为表情包太过泛滥，即使商业文书中不能出现表情包，我也建议在文章中添加一些与读者共情的"融洽对话"。

第三章　小技巧能极大改善读者印象

别再使用"委婉语"

使用强硬措辞会不会被认为自高自大？这种担心降低了我们的表达能力。这一问题的根源——"便利店用语",大约兴起于 2000 年左右。20 年后的今天,"便利店用语"已经渗透到各个领域。

我将这种"便利店用语"称为"委婉语"。比如某人为客户设计了三个方案,在向上司汇报时,本可以说"我推荐方案三",但话一出口却变成**"您看方案三是可以的吗？""我觉得如果方案三可行的话……"**或**"我觉得可以朝着方案三的方向讨论"**。

仅仅是因为害怕直接说出自己的想法,就使用"这是可以的吗"等委婉语来察言观色,或者采用"如果可行的话"这样的消极用语来表达。

其实只需直接说出"我推荐方案三"就足够了,但加上"朝着……的方向"的措辞,等于承认自己的结论还具有不确定性,暗示其他方案也可行,无形中扩大了上司的选择范围。

在便利店或连锁餐厅打工的学生常常会使用这种"委婉语",如果将其带入商务场合则很危险,因为这可能导致误解,或让对方认为你缺乏责任感。

因此应避免使用"委婉语",采用不让对方产生歧义的措辞,比如:将"可以告诉我您的姓名吗"改为"请问您贵姓?",将"如果是估价单的话,请这边看"改为"估价单在这里",将"我将收取您 3 000 日元"改为"我收 3 000 日元"。

如果上网搜索,还会看到更多模棱两可、让人一头雾水的"委婉语"——"看起来行但其实不行""看起来不行但其实可以"。前者表达为"我认为看起来不错,但最终还是不行啊",后者表达为"虽然看起来不行,但可能还真可以"。

不直说"不行""不喜欢""俗气""好""可以""喜欢",采用兜圈子的方式,想必是为了避免伤害对方、引起无谓的争执吧?

我并不否定这种表达方式。为了更好地与朋友交流,当然可以适当软化、变化措辞。我自己在不同场合也会使用不同的语言表达方式。

然而，商业的核心是经济活动。我们需要更准确、更高效、更具体地提供判断和解决方案。

如果所有商务人士都使用似是而非的"委婉语"，商谈会顺利吗？当这些交谈被记录并交接给同事时，他们能理解吗？

我们应该写出一眼就能分辨出公私的文章。

减少使用"我认为"

近年来，我在阅读学生们提交的作业时发现，"我认为……"这样的句子特别多。我上小学时，常用敬语式写作。但进入中学后，老师要求我们使用更加正式的书面语写作。

一开始这样写还不太适应，感觉自己长大了，甚至还有点自大。但习惯后，就会发现这种书面语写作，能写出更加多样化的文本。

同时，当老师要求我们不要写"我认为"这样含糊的句子后，我感觉自己的论点更加清晰了。

在商务场合，需要使用明确的书面语。即使采用敬语的写作形式，也应尽量避免使用"我认为"这样的表述。

如何打造清爽文章 1： 给句子编号

在日本，曾有种观点，即"文章越难懂越高级"——使用难懂的汉字、用别人没听过的英语单词、不停地写复杂难读的文章，被视为聪明的象征。然而，时代不同了。随着社交媒体的普及，每个人都是媒体和受众。如果一直写所谓的"高级"文章，只会曲高和寡。

如今，社交媒体流行，文章格式也与过去不同。**阅读纸质文章和在屏幕上滚动阅读，两者的易读性不尽相同。**下面，我将教你如何写出逻辑清晰、易读易懂的文章。我称之为**"清爽文章"**。

社交媒体有其利弊。就说推特吧，推文的英文本意是"鸟鸣"，即"只言片语"，用推文记录即时的情绪很方便，日本的 LINE 平台也是如此。然而，这类社交媒体的兴起导

第三章 小技巧能极大改善读者印象

致更多人难以写出逻辑性强的文章。

那么,什么是"逻辑性强的文章"?不用想得太复杂,**我将其定义为"上下文连贯的文章"**。推文或者朋友圈,大多只是将瞬间的想法按时间顺序排列组合,自己能理解,但读者有时很难明白。

我最近在批改学生作业时惊讶地发现,用"只言片语"串联的文章急剧增加。为了防止这种情况,我介绍一下演讲撰稿人的写作技巧。

打开电脑的"页面"功能,给每句话编号。编号后的句子只能有一个要点。然后,边阅读前后文边检查"意思是否连贯"。

我举个简单的例子,以下是编号后的八句话:

1. 不管精力多么集中,也有写不出稿子的时候。
2. 越是努力集中精力,越是一个词也想不出来。
3. 正因如此,我今天睡眠不足。
4. 我听一位脑科学教授说,"如果一味集中、毫不放松,就不会产生灵感,大脑也会疲劳"。

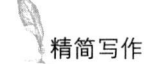

5. 原来如此，是因为我神经太过紧绷，所以才没有灵感。

6. 然后，我决定在面向大街的咖啡厅工作。

7. 但这并不意味着每次都能创作出杰作。

8. 我在街上走路时，目光被漂亮的行人吸引，分散了注意力。

通过编号，你就能明白应该删哪句。 比如第三句就可以删。第二句仅是对第一句的补充，可以将两句合并为"不管多么努力地集中精力，有时候就是一句话也想不出来"。

我在写作班也教过这个方法。我拜托学生的母亲们为孩子文章的每个句子编号。孩子们看到编号后的文章，就会很快发现问题："第三句太长！""第七句根本不需要""咦？前后文好像不连贯"。

给句子编号，这在开会讨论时也很有用。比如在演讲稿讨论会上，编辑们给草稿提建议时就可以明确指出："请在第二句和第三句之间加入补充说明"或"第十六句可能会引起歧义，删除吧"。

正是由于多人共同讨论，才能够打造出清爽文章。

如何打造清爽文章2： 将文章居中对齐

我再介绍一种演讲撰稿人使用的"清爽文章"写作技巧。

我们写的文章不仅要让读者理解内容，还需要表达出作者的情绪和心境、句与句之间的停顿和嵌入的要点。这时我们会使用"居中对齐"功能。

用这种方法，读起来就不会囫囵吞枣，而是更加抑扬顿挫。**1. 短句居中时，会慢慢读。2. 短句并排时，读起来更有节奏感。3. 句与句之间能有 5 秒间隙。**

请看下面的例文。

【山下补习班座右铭】

我们不是普通的升学补习班。

我们是一所学术预备校。

你将从现在就开始学习：医学、法学、农学、物理学、经济学、社会学、哲学等大学课程。

我们认为，仅凭分数择校的时代早已结束。

找到你想学的专业，然后努力学习。

为了找到你的理想专业，我们需要广泛阅读，听取建议。

正是出于对学问的憧憬，我们才为备考投入激情。

我们要培养的，正是这样的学生。

我们的图书馆摆满了大学阶段的教科书。

届时，著名教授将为我们讲授比肩大学课程的讲座。

这一定能点燃你对学术的热情。

第三章 小技巧能极大改善读者印象

培养真正的学术能力。

这就是山下补习班的座右铭。

阅读上文，我们不难发现，"我们是一所学术预备校"这句话的上下文之间留出了充分间隙。"你将从现在就开始学习医学、法学、农学、物理学、经济学、社会学、哲学等大学课程"这部分，节奏感很强。

通过居中对齐来设置"间隙"和"节奏"，文章会变得更清爽。

如何打造清爽文章3： 用色彩确认文章是否清爽

刚入职广告公司时，我曾看到一位资深设计师对着墙上贴着的一则报纸广告初稿说：**"整篇文字太黑了。"**我对此大惑不解。他解释说，这是因为"文案中的文字特别是不常用的字太密集了，整篇文章看上去黑压压一片"。这同样适用于报告书。

他说:"你眯着眼睛看,是不是给人一种黑色的、晦涩的印象?客户肯定不愿意读这样的文案。"

当时我即将从法学院毕业,直到三月还在与那些法律文书"作斗争"。正因为阅读了大量的法律材料,我在写作时也自然而然地使用了许多不常用的汉字。

文章应该根据读者的需求来写。即使读者跳过不需要的部分,也能将目光停留到最重要的信息上。

我们写文章并不是要去改变读者的世界观,而是要进入他们的内心,写出让读者信服的文章,这与撰写追求精确、不能产生歧义的法律文书完全不同。

明白这个道理后,我开始努力写难易比例适当的"白色文章"。

如何确认文章是"白色"的还是"黑色"的?我的方法与那位前辈设计师相同。**将写好的内容打印出来,从远处眯着眼睛观察。如果整体看起来黑乎乎的,肯定读起来晦涩。在白色的地方出现的黑色部分,就是不常用的汉字和复杂的表达。**

第三章　小技巧能极大改善读者印象

"蓝色文章"也麻烦

除了黑色文章之外，还有一种所谓的"蓝色文章"，即充斥着外语单词的文章也在逐渐增多。

某个公司或行业内经常使用英语单词，这些词对普通消费者来说也许并不好理解。比如，我们来看某公司制订的"中期计划"：

> 此次中期计划中，我们为了实现企业的 going concern，将从根本上审视业务 scheme，探索新业务领域的 global link。此外，我们将建立能够为员工带来 incentive 的 corporate governance，设定 milestone 以充分激发员工的 potential。

这就是"蓝色文章"——使用太多外文单词，读起来让人似懂非懂。

那么，让我们试着将其改为"白色文章"吧：

> 为了寻求公司的长期发展，此次制订的中期计划将

从根本上重新审视公司业务框架。对于新业务领域，我们将致力于连接全球的人、物和事等资源。此外，我们将整合公司各部门资源，调动员工积极性，确保激发员工所有潜能。

这样改写后，文章是不是就变得容易理解多了？

我们要将充满难懂汉字的"黑色文章"和满是外文的"蓝色文章"改为简单易懂的"白色文章"。只有当多数人理解文章内容时，才能真正评判内容的好坏。

换个角度看，"黑色文章""蓝色文章"的背后，其实可能是"不想被多数人理解"的心理在作祟。

因此，请保持对文章"色彩"的敏感。

写出"白色文章"，才能给读者带来更加清爽的感受。

首尾呼应的三明治文章

名著中藏着秘密。"梅洛斯怒不可遏"和"英雄面红耳赤"，这是太宰治《奔跑吧，梅洛斯》的开头和结尾。把两

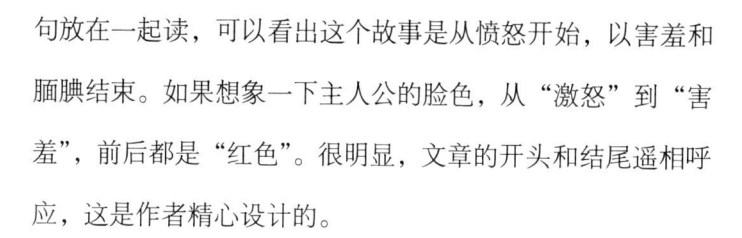

第三章 小技巧能极大改善读者印象

句放在一起读，可以看出这个故事是从愤怒开始，以害羞和腼腆结束。如果想象一下主人公的脸色，从"激怒"到"害羞"，前后都是"红色"。很明显，文章的开头和结尾遥相呼应，这是作者精心设计的。

再来看新美南吉名作《小狐狸阿权》的开头和结尾："这是小时候，村里的茂平爷爷告诉我的故事""青烟依旧从烟囱中缓缓升起"。

故事中，小狐狸阿权不幸被火枪射中。结尾的青烟可以让人联想到小狐狸的死。但小狐狸真的死了吗？回到开头，我们知道小狐狸的故事在这个村庄代代相传。小狐狸的肉体虽死，但它那颗温柔的心仍然活在故事中。

新美南吉通过文章的首尾描绘了小狐狸的再生。

文章首尾遥相呼应，浑然一体，构思巧妙，我将这种文章称为"**三明治文章**"。**三明治文章能优化读者感受，给读者留下深刻印象。**三明治文章特别适用于撰写公司或产品的宣传文案、演示稿、计划书等。

写三明治文章

写三明治文章的顺序是，先写开头，再写结尾，然后写文章主体。这样可以使文章整体统一，读后有所回味。

比如我为某公司写介绍，开篇是："'二战'结束后不久的 1948 年，我们在横滨这片土地上创立了公司。"

在考虑接下来写什么之前，我先思考如何收尾。开篇的第一个关键词是"1948 年"，距今 70 年前。第二个关键词是"横滨"，这里是公司的发源地，也是企业精神的原点。

如果说开篇是在回首过去，那么结尾就应该在叙述完历史后展望未来，这样才能与开篇呼应。

因此我这样写结尾："以公司创立 70 周年为契机，我们向着百年、两百年的目标前进，从横滨飞向全世界。"

首尾写好后，再来写正文。正文只需要介绍公司历史、下一个 100 年和 200 年的企业展望、以当前的产品和技术如何开拓未来等即可。当然，还可以加上从港口城市横滨到面向全球这一视角，将文章包装得更加完美。

如果结尾难以确定，可以先写上"我们是××物产"等

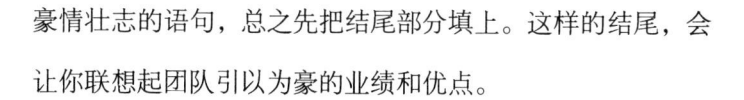

豪情壮志的语句，总之先把结尾部分填上。这样的结尾，会让你联想起团队引以为豪的业绩和优点。

团队发言时，也可以先写上结尾——"我们是××团队"，这会让发言整体显得更加自信。

出版界有句话，"让读者读了第一句就想买，读了最后一句想买下一本"。因此我们写文章时，一定要写出最精彩的首尾，并使其呼应。

以后，请多注意揣摩那些经典计划书的首句和尾句。

有效使用引号

我教你一个撰写竞选演讲的技巧：**多用引语，也就是对话**。

为了当选，不少候选人不断复述政治主张，反复大喊自己的名字，一味批评竞争对手。如果在公共场合一个劲儿地大吼自己的观点，听众会想："你以为你是谁？"

竞选演讲最重要的是什么？借用美国前总统奥巴马的话，"to listen, to learn, and to lead"（去听，去学，然后去引领)。

与强调自己要带领大家去做什么相比,更重要的是倾听选民的声音,向他们学习。只有这样,选民才能感到"自己被理解"。

这不仅适用于竞选演讲,**写企划书或者论文也同样适用。你为此采访了多少人?从中感受到了什么?学到了什么?把这些写进去,文章才更有亲和力。**

在 Facebook 上收集引语

有一次,我写了一篇关于"无电柱化"(将电线杆埋入地下)的论文,要论述无电柱化的必要性,可以列举出诸多好处,比如有利于改善城市景观、提高安全性等。但这就与在竞选演讲中高声宣扬自己的主张无异,并不会吸引读者。

于是我通过 Facebook 收集意见,得到不少回复:"在农村看到电线杆和电线时,我感受到了文明的到来""我从小是天文爱好者,总希望天空没有电线杆和街灯遮挡""我们城市有部分电线已经埋入地下,那些地方没种树。有关部门说,种树会妨碍维护。为何欧美城市将电线埋入地下时,街道能种树？"

这些"来自现场的声音"，无论是支持还是反对，许多是我不曾想到的。阅读这些意见时，我意识到自己论文中的观点是多么自以为是。最终，我不得不将论文推翻重写，回应这些呼声。这真是一次"to listen, to learn"（去听，去学）的过程。

最终，这篇充满引语的论文得到不少好评，有读者说它"通俗易懂""囊括了各方观点"。

引语时代即将来临

充满引语的文章之所以被接受，想必是因为互联网这种互动媒体已经成为社会常态的结果。

当犹豫是否购买一本书或选择预订哪家餐厅时，我们通常会首先参考"口碑"或"顾客点评"。在书店选书时，也会去读那些写着店员引语的海报。

观察最近的电影广告，我发现比起宣传电影的导演、演员、制作费用、在多少国家取得成功，更多的是展现看过首映的观众的感想，"没想到会是这样的结局""手帕从头到尾捏在手里""下次带妈妈一起看"。

在文章中插入引语,其实就是在加入与自己不同的声音,让读者感慨"这不就是在说我吗?"。只有一一回应读者的声音,才能真正做到"去引领"。

最后有一点需要注意。引语有很多优点,但也不能原封不动地转述。比如"今天我是和朋友来的。下次可能会尝试和妈妈一起来……"这样的原话如果直接转化为文字,没有意义。即便是引语,也需要进行适当的总结。

精简文章节奏感强

我坚信**"文章不是通过内容,而是通过节奏吸引读者"**。小学一年级教科书中有这样一段话:

> 小白鸡拿着小麦种子问大家,谁来种?小猪说不种。小狗说不种。小猫也说不种。小白鸡只好自己种下种子。(节选自乌克兰民间故事《小白鸡》)

我一下子被这篇富有节奏感的短文迷住,很容易就记住了全文，洗澡时、如厕时，甚至骑自行车时都在哼唱。

高中时代，我接触到中原中也的诗：

> 在蒙尘的哀伤里，今日小雪纷飞，在蒙尘的哀伤里，今日连风也是穿行。（节选自《山羊之歌》）

这样蕴含节奏和韵律的诗句，我能背下很多。

被誉为佳作的文章，一定有自己的节奏。文章中似乎流淌着音乐。你只需大声读出来，全身心融入其中，然后背下来。

反复这样练习后，你也能写出有节奏感的文章。就像唱卡拉OK时记住你喜欢的歌词一样，这并不难。

当我决定为小学生写专栏时，曾为该用什么节奏才能让孩子们读起来朗朗上口而烦恼。我想到了太宰治的《无人知晓》的开篇："我要说，我要说。主人，那个人太可怕了，太可怕了。是的，讨厌的家伙……"

我能否创作出这种扣人心弦的、节奏感强的文章？经过反复试错，我写出了这样一种节奏："**我给你写信。给交不到朋友的你写信。**"

幸运的是,许多孩子接受了这个节奏,还给我回信。他们的文章风格与我的节奏、文体惊人相似。一旦熟悉了这种节奏,自己就能渐渐写出类似的文章。

此外,在创作广告旁白时,我有时会把写出的词句全部用"嗒嗒嗒嗒"来替换,检验是否有节奏。去掉文字时,节奏反而变得更加清晰。

你也可以试着找到与自己呼吸完全契合的节奏。无论是小说、诗歌,还是漫画中的一段话、喜欢的歌词、广告旁白……不断重复这些话,想必你也能找到让自己舒服的节奏。

边写边读

我刚到博报堂大阪制作局工作时,前辈送我一个秒表,说他买了新的,就把旧的送我了。我一开始不知道这表在工作中能派上什么用场,直到看到一位广告策划前辈一边嘟囔着"不行,字太满了",一边用秒表计时才明白。

这句"不行,字太满了"意味着字数太多,规定时间内

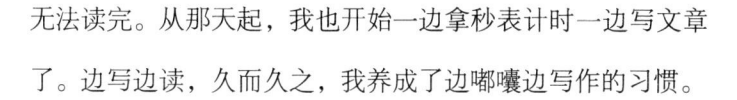

第三章　小技巧能极大改善读者印象

无法读完。从那天起，我也开始一边拿秒表计时一边写文章了。边写边读，久而久之，我养成了边嘟囔边写作的习惯。

这可能会打扰周围的人。但边说边写的好处不可估量。

首先，不容易犯困。人的注意力只有短短 8 秒。我们在写作时总与杂念和妄想做斗争。为了更长时间地集中精力，我们不仅要用上眼和手，还要用上耳和嘴，也就是充分调动五官去写作。

学生时代你可能也有过类似经历，背英语单词或历史年表时，一边抑扬顿挫地读出来，一边反复写在纸上，这比默读单词卡记得更牢。嘟囔时大脑会更活跃。

其次，文章变得更有节奏，**因为大声朗读会让你更加注意标点符号的使用**。比如读文章时，能很快发现使用太多逗号会导致呼吸急促，句子太长又会呼吸困难，同时也能判断出类似"以社交方式启动用户体验"这样的句子存在表达不畅、语义不明的问题。

最后，大声朗读还能增强文字表现力。文章是不是像经文一样缺乏抑扬顿挫？是否重复使用同一词语？句尾是否缺乏创意？这些问题马上就能被发现。用眼睛扫一遍看似没什么问题的文章，一旦大声读出来，自我满足很快就会被打破。

"应该将这段文字拆成两部分……试着插入一段对话……读完全文后，能否在一分钟内总结出来……"

边写边读，你会自然而然地做出这样的改动，**也能更客观地审视自己的文章。**

用大声朗读来检验文章

前文提到，我为小学生写专栏，每篇大约550字。家长们有时将这些文章读给孩子们听，有些孩子也会自己大声读出来。考虑到这一点，我又做了一些额外努力。

在边读边写之后，我还会使用一个叫作"练歌通"的设备。它看起来像一个倒置的喇叭，本来是用来练习卡拉OK的。我用这个消音麦克风大声读出550字的专栏。这可不能让外人看到，因为有点难为情。

我朗读时，采取了类似牧师与孩子们讲话时的姿态。这与小声嘟囔不同，因为那样无法发现呼吸不畅和文章的单调之处。就这样，我不断对文章进行调整、编辑，以使其适合

第三章　小技巧能极大改善读者印象

大声朗读。

文章读出来才有"言灵"

语言里有"言灵"。只有将文章读出来,"言灵"才存在。语言如果只保留在大脑里,是没有灵魂的。这才是对"语言"本质的深刻理解。

回顾人类历史,朗读比默读更古老,也更持久。**声带震动、带动呼吸,才形成真正的"语言"。**

如今,智能手机和电脑占据了文字输入的主导地位,我们常常忘记了声音在语言中的重要性。

先试着边说边写,然后再大声朗读出来,你会发现文章逐渐被赋予了灵魂。

通过问答激发读者思考

为了确保忙碌的读者也能阅读到所需要的内容,可以采用"问答"(Q&A)的写作方式。提前预测对方可能产生的疑问并进行回答。这样一来,对方可以跳过与自己无关的部

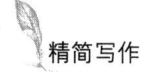

分,直接阅读需要的信息。

比如下面这段话:

> 设置地下楼层具有市场便利性。此外,餐饮功能也应该得到重视,因为具备即买即食功能的便利店越来越普遍。

直接写出来平淡如水,不如写成问答形式:

> Q:为什么要强调地下楼层的餐饮功能?
>
> A:因为仅仅具有便利性无法满足顾客需求,带有即食功能的便利店日益普及。

通过设置"问题",内容变得更易理解。如果对方认为这个问题"不需要",可以直接跳过。

在网上阅读时,滚动阅读是基本操作。你**要意识到将近80%的内容都会被读者跳过,在此基础上再确定写作风格**。

困难时求助猜谜

电视行业有句话叫作"遇到困难时求助猜谜竞赛",因

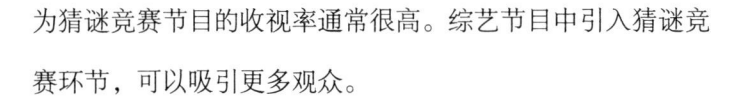

第三章 小技巧能极大改善读者印象

为猜谜竞赛节目的收视率通常很高。综艺节目中引入猜谜竞赛环节，可以吸引更多观众。

为什么猜谜竞赛可以增加收视率？**因为它迫使观众动脑。**

如果总是被动接受信息，大脑就会变得懒惰。即使是轻微思考，也会让大脑紧张起来。当观众认为"我得回答!"时，不管答案是否正确，都会留下"我曾思考过"的印象。

池上彰先生总能很巧妙地使用"Q&A"。无论是在电视解说还是在著作中，他都频繁采用"什么是……?""……根本上是怎么一回事?""接下来会发生什么?"等写作方式。

他的魅力在于，观众和读者可以同时体验到"稍微思考 → 得到意外答案或新知"的成就感和获得感。

这种技巧绝不能忽视。

用"Q&A"形式写作，日常培养自问自答的习惯很重要。

假如你是超市员工，可以自问："为什么今天肉类销量好?""因为我强调桑拿天已经持续了三天。酷暑时节，比起清爽食品，消费者更需'补充体力'。"

105

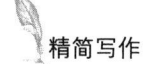

"为什么沙丁鱼罐头突然热销?""因为正值考试季,电视总宣传'DHA对大脑有益',针对考生的产品往往会畅销。"

"为什么……""因为……"持续这样自问自答,并将其转化成文字,就能写出易于理解和传递的内容。

专栏: 复制粘贴肯定被发现

我在明治大学讲课,每节课时长100分钟。在90分钟的授课后,我会留出10分钟让学生写"反馈"。

我给同学们发纸,让他们写下课上学到的东西、困惑或印象深刻的话。尽管时间短暂,许多学生还是能写满整张纸。

有些意见非常尖锐,有些问题我无法立刻答复。还有些学生在听课后,形成了更深入的见解。我非常喜欢这些"反馈",常常看得忘记评分。

为什么"反馈"如此有趣?因为学生要在10分钟内,针对刚听到的课程写感想,根本没时间上网搜索。这些反馈有时写得粗糙，也会夹杂错别字，但与这些瑕疵相比，我更看中的是他们的热情和认真。这些文字中蕴藏了与他人交流自己所思所想的真谛。

尽管如此，并非所有学生都有如此热情。我也与其他大学正在找工作的学生交流，读了他们的求职书或报告，我常常感到失望。

尤其不能容忍的是"复制粘贴"。他们在求职书"志愿动机"一栏中填写的内容，明显是从网上搜索公司简介后复制粘贴的。

我一眼就能看出这些，因为自己写的和复制粘贴的，标点符号的使用都有明显不同。有些学生甚至连句式都没调整，就直接复制粘贴上去。

最近，越来越多的求职者直接把得到许多公司内定的前辈的求职书拿来复制粘贴。文字能体现出人格，有些同学的文章明显与人格不符。

我们是业内人士，这种差别一眼就能看出来。不仅是我，任何企业人士都能看穿，所以不要轻视专业人士。

网络社会就是一个复制粘贴的社会。通过"分享"，在作者不知情的情况下，其文章可能早就传遍世界。人们可以轻松地使用他人的文章和照片。

我曾发现有博客全文照抄我在 Facebook 上发表的文章。引用得如此大胆，以至于我都有些担心，是不是这个人先写的，我才是抄袭的那个？

但毫无疑问，那篇文章就是我写的，因为连一些基本的语法错误都被原封不动地照抄了。这让我既安心又无奈。

有这样一句话，"大部分的文章在远古时代就已经被写出来了"。我平时不怎么读介绍实用技巧的书，因为即使抱着挖掘"新窍门、新方法"的心态写出来的文章，也很可能已经有人写过。

然而，巧妙地盗用他人的文章和自己努力写出来的文章毕竟不同。因为自己写的文章中，蕴含着作者独特的视角、经验和生活方式。

据说，德国哲学家黑格尔曾经将引文抄下来，边读边提出批判意见。"为什么能这样轻易下定论？"他会试着先发问，再彻底批判，然后将原始引用和自己的批判结合起来，形成"更好的意见"。这才是"辩证法"。

第三章　小技巧能极大改善读者印象

当你根据书籍或网络上的意见写文章时，可以参考黑格尔的方法，将找到的意见与自己的批判、想法、经验相结合，形成超越对方的观点。这些新观点，属于你自己。

"学习"的词源是"模仿"。所有的学习都始于模仿。但是，轻而易举地"复制粘贴"并非"模仿"，而是"盗窃"。

引用时要注明原文出处，然后参考引文，形成原创观点。

正是因为处于网络时代，我们才更应牢记这一点。

第四章　像演讲撰稿人一样磨炼写作能力

第四章　像演讲撰稿人一样磨炼写作能力

训练记笔记能力

到目前为止，我介绍了精简文章的写作方法。在第四章中，我想讲讲从各方学到并正在实践的提升写作能力的方法。

听电视新闻时，你能记下多少笔记？挑战一下吧，准备好纸、笔，记录 NHK 新闻。你会发现这比想象中要难，因为速度跟不上，还会被难懂的词汇卡住。

在 NHK 兼职时，节目导演经常邀请我共进午餐，大多是在 NHK 的食堂，电视里播放着新闻。"你能记下电视里播放的新闻吗？"导演问。我打开笔记本尝试。从第一句话开始，我就因为忘记汉字而被卡住，最终没记下多少。

然后轮到导演。只见他把午餐推到一边，将我的笔记本放在眼前，专心听下一条新闻。声音一响，他便开始记录。他的笔里似乎已经装好文字，像挤蛋黄酱一样流淌出来。

看着那些字，我惊讶不已，因为里面夹杂着许多符号和难以理解的图形。新闻开头的几句话和重要的单词，他都用

113

片假名记录。

我问:"这样的笔记,你自己能看懂吗?"结果,导演看着笔记,几乎准确无误地复述了刚才的新闻内容。

在没有先进录音设备的年代,报纸记者和电视从业者的"记笔记能力"堪称一项专业技能。他还向我展示了如何记笔记而不被对方发现——用短铅笔在口袋里偷偷记。

"退田,笔记不过是你以后复述时的线索,越短越好。"导演对我说。"复述"指的是在听完或读完后,不看原文就能向他人转述,为此应该考虑怎样记笔记,才能让自己更容易回忆。

提升复述能力

确实,模仿他人使用的符号、箭头、缩略语并不能使自己的笔记记得更好,因为比起认真倾听内容,你可能会更关注"哦,这里是不是该用箭头?"。

提升记笔记能力的方法只有一个——**每天记录新闻并进行记忆,只要有时间,就去记下别人的话。**

只有认真实践,才能找到自己的风格。有的人只写听到

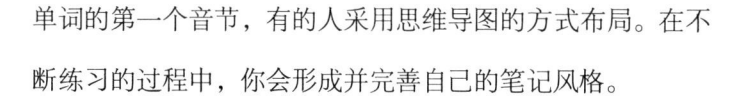

第四章　像演讲撰稿人一样磨炼写作能力

单词的第一个音节，有的人采用思维导图的方式布局。在不断练习的过程中，你会形成并完善自己的笔记风格。

作为演讲撰稿人，记笔记的方法对我至关重要。自从 NHK 的导演告诉我"复述"的重要性以来，我尝试了不同方法，至今仍在摸索。

如果非要我总结一个方法，那就是：**笔记内容不是简单地写在纸上，而是通过握笔动作进行肌肉记忆**。也就是说，写字时尽量加大幅度，重要的地方写得大些，需要准确的地方则慢慢写。在别人看来，这样的笔记像是虫子爬过一样密密麻麻，但对我来说，却是最适合我的复述方法。

记录新闻只是个简单的训练方法，坚持下去就会养成听完就能记住的习惯。你会瞬间分辨哪些内容重要、哪些不重要，从而提升概括能力。与此同时，你的倾听能力也会增强，还能将刚听到的内容复述给别人。

你要记住，笔记只是辅助记忆的工具。 作家开高健撰写了很多出色的报告文学，他就从不记笔记，只依靠清晰的记忆写作。

所以，我建议首先集中精力听新闻，然后再以笔记辅助记忆。这个顺序不能忘。

培养指路能力　锤炼总结能力

到目前为止我一直强调，写作"精简文章"，概括能力非常重要。有一个很好的方法可以锻炼这种能力——提升"指路能力"。

你擅长为别人指路吗？如果擅长，那么你已经形成了概括所需要的思维过程。指路不需要文学修饰、感人至深的名言，更不需要幽默的结尾。指路的目的在于准确、迅速地让他人到达目的地。这和概括事物是一样的。换句话说，如果脑海中形成了指路的思维导图，概括能力也将得到提高。

不擅长指路的人有些特点，他们的**描述就像"连环画"**，比如"从那里右转会看到一家花店，继续向前走会看到一家便利店"。他们只是依照脑海中浮现出来的景象的顺序去指路，却不明白每张图之间的联系。而且，**他们的描述往往过于详细**，认为"详细说明能加深对方理解"，但听者只会因为信息过多感到困惑。

第四章　像演讲撰稿人一样磨炼写作能力

指路的方法

到底该如何指路？

第一步，要为对方展示整体图。比如"从车站到我家大约需要 10 分钟"。通过说明具体时间让对方掌握全局，产生安心感。

第二步，明确指出"出发点"。比如**请从车站西检票口出来，以此为起点**，看到路对面右侧有一个蓝色招牌的便利店"。这么说可以确保对方不会弄错起点。这也是概括过程中最关键的部分——明确告诉对方"这里是起点"。

第三步，选择路标。据说警察指路时会以"红绿灯"和"公共建筑"为路标。如果以"道路"为路标，比如指出"在第三条路左转"，可能会忽略小路或斜坡。因此，指路时可以这么说："请将便利店前的红绿灯视为第一个，**从第一个红绿灯开始走到第三个红绿灯。如果看到路对面的邮局和一家'诚屋'干洗店，就说明走对了。**到达那个红绿灯时，你就已经走了全程的 70%。"

第四步也是最后一步，就是提供具体路标，以"红绿灯"

和"公共建筑"作为路标。接近目的地时，可以更加详细地加上名称、颜色、宽窄等具体信息，比如"走过干洗店，马上右转就是一条坡道。**左手边可以看到空手道训练场的红色招牌。再往前走，会看到'小林诊所'的绿色招牌。走过这个招牌，白色拱形铁栅栏的房子旁边的第二栋，就是我家。**"

这么指路怎么样？

1. 描述整体概况。

2. 确定起点。

3. 用红绿灯等标志引导。

4. 具体描述颜色和形状。

请你也开始这样的指路训练吧。

写文章也同样，要朝着目标前进。概括力强的表达方式，其实和指路的方式一样。如果你能做到这一点，就能活用到许多领域——"传授工作推进法""如何做拿手菜""怎样大扫除"等。

另外，不妨按照你设计的路线先走一遍，肯定能找到指路时需要改进的地方。这种不断重复和改善，也是练习精简写作的方法。

抄写小学数学题

"小学算术应用题,不仅要读,还要抄写。"这是我在小学时期上"藤原塾"时学到的方法。

有这么一道题:

在笔直的铁轨上,一列火车以恒定速度行驶。火车鸣笛6秒后,听到前方墙壁传来的回声。听到回声10秒后再次鸣笛,这次只用4秒就听到同一面墙壁传来的回声。此时火车的速度是多少米每秒?音速为每秒330米。(拉萨尔中学)

虽然我觉得很麻烦,不明白老师为什么让我们抄题,但仍然认真地抄了下来。因为我数学成绩不好,哪怕有一线提升成绩的希望也愿意尝试。

藤原老师说:"**大部分学习成绩不好的孩子,连题目都看不懂。要想明白出题者的意图,最快的方法就是把自己当作出题者来抄写题目。**"

他让我们先把题目抄在笔记本上。即使是"请进行以下计算"这样简单的问题,也要从抄写开始学习。

大约半年后,效果开始显现。虽然我在答题时难免还有计算错误,但已经开始理解那些应用题的出题逻辑了。这并不是因为我的学习量增加了,而是正如藤原老师所说,我开始明白"题目在考我什么了"。

站在出题者的角度

持续练习了一段时间后,我只要一读题,就能揣摩到出题者的意图。"哦,原来陷阱在这儿呢。"

我喜欢上语文课,是因为只要站在出题者的角度,问题就变得容易解答。

我现在能一边在广告公司工作,一边在补习班和学校教书,也是得益于我很早就学会站在出题者的角度思考。通过不断抄写"问题",我逐渐摸清了出题者的思路。

彻底思考题目

抄写数学题的学习方法,也可以应用到商业领域。很多

第四章　像演讲撰稿人一样磨炼写作能力

工作都是从思考"到底在要求我做到什么"开始的。如果不去思考上司、公司、客户、社会在考我什么，只按照自己的喜好做事，是不会成功的。就好比别人问图形问题时，我却试图解答"排列组合"一样，答非所问。

现在，我到底被考察的是什么？ 站在出题者的角度思考，才是通往答案的捷径，也是高效写出正解的技巧。

彻底输出

提高写作的秘诀在于输出的数量。我坚信这一点。

这不仅针对写作，其他领域也一样。美空云雀一生录制了超过 1 500 张唱片。铃木一朗在日美职业生涯中击出 4 000 支安打时说过："要打出 4 000 支安打，需要经历超过 8 000 次的失败。"

没有自信、心情不好、我不擅长……只要还在不断找借口，就不可能提高写作水平。

我写第一本书时，责编这样对我说："退田先生，公开自己的作品，就像在大街上跳裸舞一样。你可能会卷入这样那样的事中，会遭受如雨点般的谩骂和嘲笑。出书就是这样。我年轻时也想过写书，但没下定决心，所以没能写出来。"

这番话深深地刻在我心里。出书的喜悦和未来可能会陷入黑暗的恐惧同时向我袭来。

但如今，我们可以训练"忍受羞耻的能力"。正因为社交媒体的出现，这比以前容易得多。

2011年我开始使用Facebook。那年东日本大地震的暴发，让我惊讶于社交媒体的力量。最初，我写的文章长度和推文类似。而现在我每天要发布3~5篇约1 000字的专栏文章。

2017年6月，根据Facebook公司的调查，该平台全球用户超过20亿，每天有8亿人点赞。但在日本，Facebook的普及率不及其他国家，据说主要因为需要实名注册，这在年轻人中不受欢迎。另外，Facebook以文本为主的形式也不适合日本社会。

然而，练习写作的关键就在于此。**用实名写文章发表，看看到底有多少人点赞、评论。**

一年要想写超过1 000篇专栏，需要下很大决心，有时

第四章　像演讲撰稿人一样磨炼写作能力

彻夜不眠，有时情绪低落到不想动笔。但即便如此，我仍每天早上6点起床，绞尽脑汁写专栏。由于习惯了这种练习，我甚至能一天不吃不喝。

"必须找到明天的素材！"的这种饥饿感，使我能清晰地记住车厢广告、与出租车司机的对话以及在书店偶然捕捉的精彩语句。

我不储存素材，只要有想法就立刻写出来。因为素材也有时效性。我不会把写好的东西存储起来。与其将其数据化，不如相信自己的记忆。那些需要以后搜索的专栏文章其实并不重要，只有经得起多次复述的文章，才能算真正属于自己的文章。

让写作成为日常

不要把写作当成一件大事，而要融入日常生活，最终，让"写作"像呼吸一样自然，成为无意识的行为。

大量写作之后，才能形成自己的文章风格。

不要找借口说"还没写好"或"没达到让自己满意的水平"。这不是由你来决定的。将文章发布在Facebook上，别人自会认真评价。如果文章没有意思，即使是 Facebook 上的友人也不会点赞。

分析那些点赞的人，可以将他们的喜好进行分类。有些看似是出于交情而点赞，实际上背后有其严格的评判标准和个人喜好。

尽快适应这种评价。否则，你将一直逃避写作，变得擅长为自己找借口，并最终走向失败。

天才源于数量，无论在哪个领域，这都是不变的法则。

创建专属"名言笔记"

"说出他的心里话。"（银座的妈妈）

"凡事尝试之后才有发言权。"（小椋佳）

"人是凭好恶来工作的，而非理论。"（出自夏目漱石的著作《少爷》）

这些是我 1993 年 1 月记在笔记本上的话。我边翻阅 25 年前的笔记，边写下这篇文章。当时的笔记中还记录了黑泽明导演的名言、上司的批评、诗人夏尔·波德莱尔的诗

第四章　像演讲撰稿人一样磨炼写作能力

句等。

笔记上有这样一段话:"我让你策划的广告是'古池旁,青蛙跃入水中的声音'。而你的作品里只有'青蛙跳进古池'这个动作,并没有将声音生动描绘出来。"这是前辈严厉的批评,当时我却只感到愤怒。现在,我感受到了批评中蕴含的精准、深刻和温暖。

如何制作"名言笔记本"

我希望你也能这样做:认真记录那些对自己有影响的、富有灵魂的语句,无论是出自名人还是无名之辈,主角都是"语句"。日后翻阅这些笔记,你可以回想起当时的自己因何而着迷、而苦恼、而感动。

"用45个字拟一份企划书。"

"写一份能在电话里说清楚的企划书。"

我明白,正是25年前,前辈的这些话塑造了今天的我。我写的这本书,并非我一个人的所思所想,而是我收集的信息、我的思考和烦恼的集大成。

为了提升写作水平,你需要在日常生活中不断积累、整

精简写作

理那些让你感动、深受触动或受到伤害的话语。

这不是一份简单的笔记,而是一本属于自己的辞典。

选择笔记本时,要选比日常的本子更高档的、可以保存20年、30年的那种。记录的话语要经得起时间的考验。本子价格越高,书写就越认真,当然也会抑制你想随便写写的冲动。

我们从随手记下的只言片语、手机里保存的话中挑选出"值得收入辞典"的词句,然后用钢笔写下来,这有点像练字。反复阅读这本笔记中的话,让其融入身体,比翻阅普通书籍或辞典更能打动你。

"哦,当时是因为犯了这样的错误才挨批评。""遇到困难时,这句话救了我。"就这样,记忆随着翻阅复苏。

当这些话语与记忆合二为一时,就会迅速诞生属于自己的故事。当你在早会、婚礼或演讲发言中需要谈自己的经历时,都可以用到这些已经总结好的故事。

"广告的第一句话不仅要抓眼球,还要抓住观众的耳朵。"

虽然早已忘记这句话具体指的是哪则广告,但前辈的话

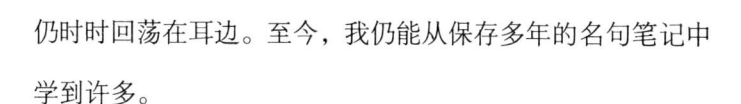

仍时时回荡在耳边。至今，我仍能从保存多年的名句笔记中学到许多。

善于从广播中捕捉

如今媒体的主战场正从广播转移到电视，然而英国在很长一段时间里都是两种媒体齐头并进。他们没有简单断言广播过时，而是认为广播和电视各有优点。听到此，我感叹道："这才是成熟的国家啊。"

受此影响，我常在擦鞋、清洁浴室等家务劳动时听广播。我没有特别固定的电台和节目，而是喜欢听那些像街头闲谈一样的对话节目，尤其是那些主持人回复听众来信的节目。

这些广播节目并不像电视报道那样声势浩大，也不会在网上反复播放，一般只播一遍。节目中经常会介绍写满听众真情实感的来信，主持人也会以恰当的距离感、温暖人心的话语进行回应。

有一次，我听到一位高中生在信中诉说烦恼："我是个爱出汗的人，在聚会时担心被大家说身上有异味，所以不想去学校"。

主持人这样回答："相扑选手在比赛前因为紧张和兴奋会大量出汗，手掌和脚掌出汗也是为了站得更稳、抓住对手。然而一旦比赛开始，汗就干了。据说精神从紧张转为集中时，汗水就会消退。你可以了解一下汗水的成因。与其在意别人怎么想，不如去掌握这些知识。这样，你就能得出结论'哦，原来我是因为紧张才出汗'。"

主持人的话让人听了很舒服，因为他将知识转化为贴心的回答。广播主持人不能光指望人气，一旦出现更受欢迎的新生代，他们就会很快被取代。

职业生涯长的主持人，他们的话如阳光般温暖，像负离子般清新，往往能让听众感到快乐和健康。我就常常感慨："这句话回应得真巧妙""受人指责时，可以这样退一步想啊"。

沉浸在语言媒体中

我发表在 Facebook 上的文章，一般都会收到大约 150

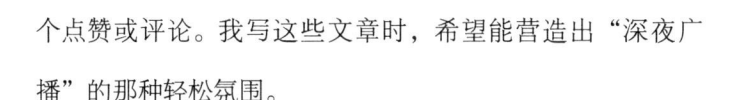

第四章　像演讲撰稿人一样磨炼写作能力

个点赞或评论。我写这些文章时，希望能营造出"深夜广播"的那种轻松氛围。

我的专栏内容涉猎广泛，感兴趣的读者会参与讨论。有时看着讨论的方向完全与自己预想的相反，我常常意识到自己最初的想法是多么狭隘和浅薄。

听广播也有助于写作。比如你正在琢磨如何说服客户或正准备起草一份企划书。怎么写才好呢？正反复思考时，听听广播，往往会有意想不到的收获，就像牛顿看到苹果落地，阿基米德看到浴缸里的水溢出时那样，"啊，就是这个！"。广播里的某句话会突然激发你的灵感。

这并非不可思议，**因为你的潜意识正试图捕捉那句话**。

许多创作者正是为了寻找灵感，才去书店浏览标题、坐电车观察人群、读车厢广告、去酒吧听客人对话、反复上网浏览……

广播是语言媒体，对话延绵不断。在家听广播，就像在酒吧或电车里听别人谈话一样，总能让你遇到耳目一新的视角、难以看透的心灵感悟和别人的经验之谈，这时就会发出"原来可以这样说！"的感叹。

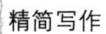

最近，用手机也能轻松听广播，尤其是还可以听到那些以前电波无法覆盖到的地区的广播节目。无论是化妆、晾衣服，还是做饭间隙、临睡前，我都推荐你听听广播。

专栏： 写作要牢记 "短时间集中"

近年来关于脑科学的研究取得显著进展。通过研究大脑外部活动，我们可以了解大脑各部分工作的时间，从而掌握人类能够集中精力的时间。尽管对什么是"集中"尚存在不同解释，但最长不超过 15 分钟吧。

这样看来，NHK"早间连续剧"多年来持续受到观众欢迎也就不难理解了。每天固定 15 分钟，保持剧情连贯，巧妙使用旁白。观众即使在忙碌的清晨，不用盯着屏幕也能追剧。

人们每天都疲于奔波，很难抽出一两个小时的整块时间。所以要想做成一件事，只能利用"碎片时间"。

我通常将写作时间定为"15 分钟"。在这段时间不上网，专注写作。坚持下来，产出的文章数量可观。我使用了一款名为 TIME TIMER 的应用程序。这是包括美国小学在

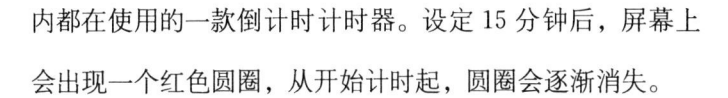

第四章　像演讲撰稿人一样磨炼写作能力

内都在使用的一款倒计时计时器。设定15分钟后,屏幕上会出现一个红色圆圈,从开始计时起,圆圈会逐渐消失。

刚开始使用时,我觉得"15分钟简直太短了!"。但用着用着,我脑海中开始出现"所以呢?""能不能写得再简单点?""啊,这部分太啰唆了!"之类的声音。被时间催促着写作,我逐渐养成像拳击手一样的紧迫感。

现在,无论是工作间隙、睡前还是会议之间,只要一有空,我就会集中15分钟。

这种方法不仅能有效利用时间,还能培养中途暂停工作的能力。我们常常倾向于将工作"做到某个合适节点再停下来"。比如,"今天之内完成""这周内提交"等等,希望能尽快完成以求安心。

然而,这种做法只能让我们完成在规定时间内可以做完的工作。优先考虑在规定时间内完成任务,往往导致草率应付。

如果在繁忙的日子里同时处理多个工作,就需要有"中途停下"的勇气。集中15分钟,然后关上电脑,等待下个间隙。虽然做到一个合适节点再停下来会很安心,但这种安心感反而会让你失去"策划更好方案"的动力。

在完成公司工作的同时，撰写稿件或制作讲义确实有难度。对我来说，智能手机的出现使我在坐电车或躺在床上时都能写作，因此才能坚持下来。

实际上，这本书也是利用早晨通勤和工作移动间隙、饭后 15 分钟写到现在的。正是得益于"中途暂停"，我得以拓展思路、删除枯燥的内容。

比起一次性写完，习惯了这种方法后，你会发现这样更轻松，写作量也有所提升。

许多书提到"利用碎片化时间"。在我看来，这不是很正常吗？我更认为应该用"碎片化时间"处理主要工作。

你每天有多少次 15 分钟集中精力的时间？能有意识地创造多少次"早间连续剧"？只要用心，时间总是有的。人们发呆的时间往往比自己认为的要长。

当注意力不集中时，大脑就会呈现"猴子状态"，注意力四散。杂念涌现时，不要勉强自己，可以中途停下，等待下个"早间连续剧时间"。

那个时刻到来时，请再次尝试集中精力 15 分钟。

第五章　情景应用：打动人心的文章写法

第五章　情景应用：打动人心的文章写法

写提案书时要预想方案展示场景

广告公司的策划书和提案书通常以竞争性展示为前提。如果不能在客户面前完美阐释，再精确的数据、再新颖的文案都是徒劳。

年轻时，前辈曾告诉我："写策划书时，要预想自己在展示时怎么说。"展示时间只有 30 分钟，如果花两个小时才能将策划书和提案书说清楚，那就没有意义。

精确的数据和新颖的文案当然必要，但是如果写策划书时不进行通盘考虑，就无法达到甚至超越客户的预期。

演讲撰稿人或记者招待会撰稿人，在写策划书和提案书时，也会预制"演示稿"，一边想象展示当天在给定的 30 分钟内说什么、怎么说，一边写策划书。

当然，初稿中尚缺乏数据和文案。但这没关系，因为首先要思考的是提案书的目的何在？存在什么现实问题？如何解决？要想写出符合要求的提案书，就需要认真解读客户的招标书。

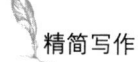

广告公司完成一份策划书往往需要各部门专家通力合作。营销部门和创意部门发挥各自的才能，完成各自的任务——有人能带来意想不到的文案，有人把数据解读得拍案叫绝，有人能邀请知名艺人到场，有人熟悉现场流程……这些专家聚在一起，通过激烈讨论完善策划书。每当有新想法出现，演示稿都会被再次修改，甚至经常需要推倒重来。

正是通过不断地更新和修改，大家才会发现演示稿的优缺点，比如"这部分有点弱""那里可能会被经理挑出毛病""这次的卖点是创意，因此需要重新调整时间分配"等。

正是以"最终方案"为前提来思考策划书，才能制作出平衡感强、禁得起批评的作品。

通过书信的方式打磨策划书

作为演讲撰稿人，我有自己的写作风格。已故的文案策划人岩崎俊一先生曾以书信形式写策划书。他把对产品的所有想法写成信，这封信就是策划书，不仅面向客户，也面向终端消费者和整个时代。岩崎先生的策划书和提案书充满了让读者心动的文字。

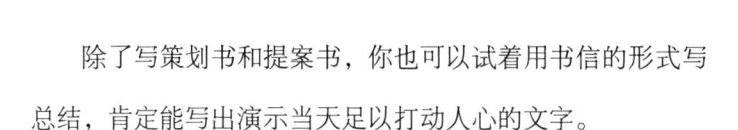

第五章　情景应用：打动人心的文章写法

除了写策划书和提案书，你也可以试着用书信的形式写总结，肯定能写出演示当天足以打动人心的文字。

随着电脑软件的不断更新，如今的策划书和提案书变得越发华丽，布局合理，让人一目了然。但是，如果将大量时间用在包装 PowerPoint 上，则是本末倒置。

我们真正需要思考的是，展示当天的 30 分钟，怎么说才能让听者理解？如何发挥我们的优势？ 应该始终以展示者本人的心态来写作。

客户曾对我说："其实各公司的展示在内容上没有太大差别，胜负在 51 比 49 之间，往往就是 1 分之差。但这 1 分很重要，差距在于你们到底为我们考虑了多少？这不仅体现在策划书的字里行间，也体现在展示人员的表情上。"

撰写策划书永远都不是为了自我满足，而是为了在展示当天拿出强有力的内容。

求职书：　与企业相向而行

我在明治大学任教，至今已有 5 年。之前我也在许多大学授课。当和学生们熟悉后，我们往往会聊到"求职"的话题，学生们经常请我为他们的求职书把关。

关于求职书，大家似乎更强调写作技巧。目前，关于求职书的信息过于泛滥，导致大家的写法千篇一律。**那些平淡无奇的求职书，总是倾向于收集信息和自我分析。**

另外，还有一些大学生之间流传的"都市传说"，比如"写进入大学以前的事情肯定没人看"，"即使是打工或社团活动，也要具体写明取得哪些成果，否则不会被重视"。这些可能是某些人随口说的，或是那些无良的"想靠教授求职技巧赚钱的成年人"有意传播的。最重要的是，你要拥有不受这些信息左右的强大的内心。

与企业相向而行

《小王子》的作者圣埃克苏佩里曾写道："**爱不是彼此凝视，而是向着同一方向眺望。**"

实际上，写求职书时也需要这种思维。重要的是"相向而行"，**也就是要写清楚"如果我加入贵公司，可以带来哪些贡献"**，要从员工的角度展望未来。

第五章　情景应用：打动人心的文章写法

曾有一位名牌女子大学的学生向我咨询求职问题。她只在活页纸的边缘写了一些小字，显得毫无自信。她说："我大学三年既没参加社团活动，也没打工，因为家里有老人需要照顾，我必须早早回家。所以求职书上没什么可写的。"

她完全没有意识到，这三年护理老人经历的宝贵之处。

于是我告诉她，要好好思考一下"如果进入这家公司，凭借我三年来护理老人的经验，能做出什么贡献"。

再次见到她时，她给我看了一份投给某一流酒店的求职书，内容中洋溢着自信。她写道：如果能入职贵酒店，我将提供护理老人方面的经验，因为自己很了解不同的天气如何影响母亲的食欲等。

提到一流酒店，大家往往认为求职者需要具备很强的英语能力和国际化视野。但这位女孩讲述了自己在护理老人方面的独特经验，很快就被顶级酒店录用。

根据不同企业调整求职书

她还给我看了提交给其他企业的求职书。所有求职书中都写了她在护理老人方面的经验，但写法和用词存在微妙差异。因为她按照我的建议，**浏览各企业网站，分析其负责人的话、企业标语以及企业重点关注的领域，根据这些内容调整了每份求职书的措辞**。

未能获得企业内定的学生，往往在总结自己某方面的突出经历后，试图将其套用到所有企业身上。比如把提交给银行的求职书套用到 IT 企业上，把提交给以"尖端技术"为目标的企业的内容套用到致力于"全球化"的企业上。有学生甚至告诉我，有人直接复制了那些成功进入一流企业的学长的求职书。

但很抱歉，社会才不会惯着你。业内人士能一眼看出求职书是否专门为他们公司而写、是否根据求职者自己的经验而写。

因此，**请你与想要加入的企业相向而行，面向未来，思考自己到底能为企业贡献什么**。只有这样，你才能脱颖而出，不再人云亦云。

书信： 采用四段论

在关键时刻，写信很有用。即使在互联网普及的今天，

第五章　情景应用：打动人心的文章写法

也有编辑通过写信和我约稿。我也曾给一位只看手写约稿信的著名人士写信。

信不能写得太正式,也不能太随意。我记得曾用一周时间来写那封约稿信。后来,对方接受了我的约稿请求,并称赞我的文章"写得很好",那一刻我感到无比欣慰。

写信的秘诀在于采用四段论。

1. 时令问候

首先是时令问候。日本人通过关于花开花谢、天气冷暖的寒暄来培养共鸣。如果忽略这点,信件就会显得冷漠无趣。然而,如果写一些诸如"春分时节,桃花香气宜人"这样的套话,又会显得过于正式。

我指导学生**写下当天感受到的季节变化**。一位小学生在暑假快结束时的一封信中写道:"路上到处都是死去的蝉。"还有一位女生写道:"昨天,妈妈为我做了寒冷时节才做的炖菜。"

每周我都会收到很多学生的来信。我发现,这些孩子都能很好地捕捉季节的变化。我希望你也能像松尾芭蕉那样,以自己独特的方式捕捉季节变迁。

141

2. 现状

时令寒暄后，就要开始描述现状。这时需要转换一下心情，像记者一样，运用5W1H（何时、何地、何人、何事、为何、如何）准确描述现状：现在在哪？与谁或哪个组织在一起？做什么？**此处的关键是不要掺杂个人情感或感想**，因为对方还不了解你的现状，描述再多情感，对方也无从理解，所以要客观书写。

3. 真心话

第三部分是真心话，也是信件中最重要的部分。以"其实"或"说真的"开头，写下你的真实感受。然而，即使是真心话，也不能全是抱怨或和盘托出。要始终考虑对方的感受，礼貌地书写。

4. 关心

最后是关心。要关心对方的近况和健康，表达希望再次相见的愿望。

第五章 情景应用:打动人心的文章写法

以下是例文:

今早,我在海边遛狗。刚进入二月,但天空已经有些朦胧。风停下时,空气中仿佛飘入了春天的气息。季节交替之际,您过得还好吗?

目前,我受京都一所大学之邀,讲授"广告与语言"课程,为期半年。学生大约100人。虽然是上午的第一节课,但几乎无人缺席。

坦率地说,以我的能力,能够讲授的内容很有限。我希望能更真实地介绍网络广告的现状,但因为平时疏于学习,讲课时经常词穷。

在此,我有个不情之请。我知道您非常忙碌,但能否请您替我讲授一节关于"网络广告现状"的课?

日程可以根据您的方便来安排。具体事宜我会再打电话与您联系。

天气渐暖,但听说下周还会降雪。请您多多保重,避免着凉。我期待在京都与您共饮一杯。

请你也试着写封信吧。你会逐渐写出让对方感到温暖的

143

文字。

道歉信无法完全表达歉意

写道歉信时，应牢记"仅凭道歉信无法完全表达歉意"。不能指望写一封道歉信就万事大吉。哪有这么简单的事？如果仅凭一封信就能解决问题，对方也不会那么生气。

道歉本应该当面低头谢罪。发道歉信不过是个前奏。

请求别人原谅本身就不是件容易事。因此，首先要尽快道歉。这时候没工夫写信了，发封电子邮件也可以。总之，要先表达歉意。

网上搜索"如何写道歉信"会找到许多模板。如果直接复制粘贴，会让对方感到缺乏诚意而更加愤怒。

道歉信的写法如下。

1. 道歉

首先，要在开篇承认自己的错误。不需要任何铺垫，直接写"这次我的失误给贵公司造成很大麻烦，对此我深感歉

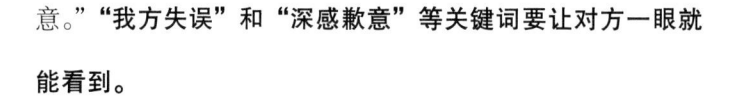

意。""我方失误"和"深感歉意"等关键词要让对方一眼就能看到。

2. 狼狈

"致歉"后，就要写自己的心情。无论是产品出现问题，还是由于自己的误判给对方带来麻烦，抑或说了让对方感到不快的话，对于自己所犯错误，如今的心境可能是：因惊恐而双手颤抖、羞愧得恨不得找个地洞钻进去、寝食难安、流下悔恨的泪水……总之，要尽量简短地写下自己失去对方信任后的狼狈窘境。

道歉信中表明自己内心的紧张和不安会更有效。但别写得太长，以免显得过于惊恐和畏缩，从而失去对方更多的信任。

3. 情况分析

完成前两步，就要开始分析情况。为什么会失败？为什么允许这种行为发生？为什么采购会延迟？这部分要从刚才

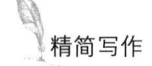

的不安中走出来，沉着冷静地写下自己正在查找失误的原因。

要注意，此处写的是情况分析，不是为了获得原谅的**"借口"。**

如果心里想着"我们根本没错"，会立刻被对方看穿，认为你只是在辩解，根本没有道歉的诚意。所以我们写这部分时，尽量不要掺杂个人情感，客观地说明情况即可。

4. 希望

最后，一定要考虑对方的"读后感"。怎么写才能让对方读罢信后感觉"可以原谅你"？**答案是"表达希望"。**

比如可以这样写：为了再次赢得信任，我们会以最快速度团结一心、全力以赴、改过自新，确保不让错误重演。然后，以"希望今后仍能得到您的指导与支持"来结束道歉信，表达继续合作的愿望。

我来列举一封道歉信。这封信并未使用"道歉信模板"，而是怀着重视个人交往的心情写下的。

第五章 情景应用：打动人心的文章写法

尊敬的田中先生：

一直以来承蒙您的关照，我对此深表感谢。

对于2月13日截稿的连载专栏稿件未能按时完成一事，我感到十分抱歉。我一贯奉行"守时才能称为专业"，严于律己，但这次却辜负了您的期望，给您带来很大麻烦。我很惭愧，从昨夜至今懊悔不已。

此前，我在笔记本上写错了截稿日期。我的失误导致了稿件延迟。我会努力避免再次发生这种低级错误。

幸运的是，稿件的大体结构已经完成，我会以最快速度成稿，保证在2月15日上午将稿件送达贵公司。

对于我的单方面失误，我深感歉意。

今后我会专注于写出更优质的稿件，恳请继续得到您的支持与指导。

此致

敬礼

墓田吉昭

精简写作

请记住道歉四要素:"道歉""狼狈""情况分析""希望"。

然而,正如前文所述,仅发一封电子邮件"道歉信"并不能算道完歉,应尽快寄出书面信件,并亲自登门拜访、低头表示道歉。道歉行动要"更快、更深、更频繁"。抱着这种心态,道歉信才会产生效果。

感谢信要描绘情景

"收到伊香保的红叶,觉得很有趣,将它放在桌上,结果被风吹走,怎么找也找不到了。"这是某个秋天,夏目漱石信中的一句话。给漱石送红叶的人读到此会做何感想?漱石收到的红叶已经不见了,但送红叶的人肯定会觉得"把红叶送给他真是太好了"。

信中短短的一句话,体现了漱石对这片红叶的喜爱——正因为觉得红叶有趣才将它放在桌上,被风吹跑后还四处寻找。这说明漱石对这片红叶倾注了心思和时间。

感谢信的精髓就在于此。对于别人送的礼物、伸出的援手、鼓励的话语表示感谢,这理所应当。如果只是写上"很

第五章　情景应用：打动人心的文章写法

开心""真好吃""让我心情放松""全家一起品尝了"之类的话，赠送礼物的人也许会心生疑问："我送的东西真的有用吗？他是不是只是表面上感谢一下而已？"

感谢信的重点在于，要写出"收到礼物后，是如何使用的"，**像描绘电影场景一样，具体写出花了多长时间、怎么用的、带来了怎样的愉悦体验。**

假设你收到了爱媛县友人寄来的橘子。仅仅写"谢谢你送来的美味橘子"，似乎只是一个简单的礼节性感谢。如果写"对于易感冒体质的我来说，维生素C是这个冬天的美食"，这就表明朋友赠送的橘子恰逢其时。但这还不足以向友人表明你是否真的品尝了橘子。

> 从收到橘子的第二天起，我们全家每天早餐时都一起品尝。橘子的冰凉、甘甜和适中的酸味让我们眼前一亮。一想到摄入了新鲜的维生素C，即使立刻进入挤满感冒病人的地铁车厢都不再可怕。托您的福，全家都很健康。长女说这些橘子"像果冻一样好吃"，吃着吃着指甲都染黄了。

这样写，就是具体描述了收到橘子后的真切感受。

感谢信要表达实际食用或使用礼物的情景。**写上吃到橘子后的体验，比说一百次"谢谢"都更能让对方感受到你的感激之情。**

多使用"你"和"对方的名字"

还有一个技巧，就是感谢信中多用"你"和"对方的名字"，强调这不是普通的爱媛橘子，而是"你送来的橘子"。要怀着正因为是"你送来的橘子"所以才"格外美味"的心情写感谢信。

现在很多人通过发邮件表示感谢。感谢和道歉都是越快越好。因此，可以先发邮件告知对方已收到礼物并表示感谢。对方知道礼物安全送达，会感到安心。对于商务场合的礼仪来说，这么做就足够了。

但如果你希望与对方进一步建立私人关系，即使麻烦，也应该随后寄一张明信片表达感谢，**不仅写上"已收到"和"感谢"，还要写出如何使用了礼物或对方的建议对你产生了哪些积极影响。**

第五章 情景应用：打动人心的文章写法

这些细节不能忽略。

近 30 年来，我观察许多求职的学生后发现，能进入心仪公司的学生似乎都在拜访学长后寄出了明信片表达感谢。

寄出明信片这一举动，体现了将学长的建议总结到一张卡片内的概括能力以及通过明信片表达感激之情的周到。能够做到这些的人，往往是关心他人的、比较可靠的人。企业也会看重这一点。

邮件：工作优先

"进入公司后，发现大家都用邮件沟通，这真让我惊讶。"新入职的学生常常这样感慨。对于习惯用 LINE 交流的他们来说，邮件似乎离生活有些遥远。

考虑到信息安全，越来越多的公司禁止使用免费邮箱。邮件已经成为发送正式信函的方式，但它并不如打印出来的信件那么正式。邮件成为让对方尽快理解并采取具体行动的信息传递手段，因此要做到工作优先。

写邮件时请避免废话，确保准确传递"希望对方做什

么"和"如何行动"的信息。

标题让邮件脱颖而出

写邮件，先写标题。上班时间，稍微从工位离开一会儿，就会收到大量未读邮件。收件人主要通过标题判断邮件的重要性。

多次回复后，邮件标题往往变成"Re：""Re：Re："。这类邮件的优先级就有所降低。

为了避免这种情况，需要在标题中明确发邮件的目的，如【变更】【集合】【商谈】【请求】等。

不过，"重要""紧急"等词语因为用得过滥，效果并不明显。标题应尽量控制在20字以内。比如"××先生演讲稿 第2稿""××演示日程咨询"等，让对方一目了然。

有些事对自己很重要，但可能只是对方众多待办事务中的一项。因此写邮件时要站在对方的角度，避免自说自话。

简短问候，直奔主题

写完标题，接下来是问候。正文的问候要简短。我对公

第五章 情景应用：打动人心的文章写法

司外人员通常用"在您百忙之际打扰，实在抱歉"，对公司内人员则只用"你辛苦了"。我将这些短语存入电脑、分类使用，因为邮件不过是联络工作的工具而已。

正文怎么写？第一行应与标题呼应，结论先行。比如标题是"【商量】关于优化××公司文案的日程调整"，正文开头就可以写："你辛苦了。关于××公司的文案，客户要求进一步优化。"

标题和正文首行相呼应，让对方立刻明白应该采取哪些行动。接下来就是调整日程的具体内容。例文如下：

你辛苦了。

关于××公司的文案，客户要求进一步优化。

计划在下周二或周四开会。你哪天方便？请在4点前回复。

知道你很忙，还请多关照。

另外，别忘在文末署名。如果担心邮件显得生硬，可以多用"谢谢"和"请多关照"等词语，营造高效、礼貌、亲切的气氛。

153

精简写作

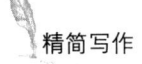

社交媒体： 用真情实感　写给人群中的你

回顾这一生，如果问"对自己产生革命性影响的工具是什么?"，毫无疑问，我首先想到的是"智能手机"。我能一边做上班族，一边写书，还兼任大学和小学的老师，都离不开智能手机的功劳。

在晃晃悠悠的电车里写上5行、开会前写2行、泡澡时写5行、躺在床上再写4行，然后将这些零碎的文字汇集成专栏文章。没有智能手机，这可办不到。

有时，我刚在Facebook上发表一篇文章，就会立刻收到他人点赞。然而，我的专栏文章每篇都接近1 000字，至少需要3分钟才能读完。那些在我发布文章后立即点赞的人，虽然让我感到很开心，但毫无疑问，他们都没有真正读过那些文章。

有人会在同一时间对许多专栏文章点赞。从这些"连赞"的动作来看，恐怕每篇文章他都没有认真阅读过。还有些读者只看了文中的一句话或一个词就开始评论。对于他们

第五章 情景应用：打动人心的文章写法

来说，网上的文章可能更多是用来"浏览"而非"阅读"的。

我并没有否定这些人的意思，因为我自己也会这样做。我上网浏览时，一般会忽略文章80%的内容，只在遇到感兴趣的词语或照片时才会停下来。有时因为喜欢文中的一句话，我就会点赞。我想这可能是阅读社交媒体的基本方式：**与其说是在"阅读"，不如说更多是在"浏览"，用直觉来挑选能产生共鸣的内容。**

那么，如何在社交平台写文章？以下是我认为需要注意的几点。

社交媒体投稿三要点

第一，写给某个特定的人。

即使是写给不特定多数读者的专栏，我也希望明确读者群，帮助读者解决问题。比如我会明确某篇文章"写给考生家长"或"写给求职生"。很多时候，我会具体到人，比如"给秋子"或"给西冈先生"。我称之为"写给人群中的你"。

限定读者群，会导致失去一部分读者。但相应地，支持我的读者群的归属感也会增强。

第二，考虑读者的阅读环境。

读者可能正在拥挤的电车上刷手机。以东京地铁为例，站与站之间的间隔大约 4 分钟。大家在这种情况下读专栏，一般都是一扫而过。**针对这些读者，我会突出重点句子，加大段落间距。**

我将专栏中最想让读者阅读的句子，比如"就连火锅的蒸汽也是美食的一部分""阅读可以增加智力的肺活量""一见钟情只需 6 秒"等放在显要位置。

第三，用"真情实感"写作。

不受喜爱的专栏文章的通病是，大部分文字是复制粘贴而来，只有一小部分是自己的评论。因为大多是照抄他人内容，即使发表自己的评论也没什么实际内容。相反，受欢迎的专栏通常是讲自己失败或奋斗的经验，或是读到、听到别人的故事后自己的思考。**正因为融入了个人的真实体验，文字才会引起共鸣。**

要掌握"真情实感语言"，就要多听别人的"真情实感"。出租车司机讲的故事大多很有趣，因为他们讲的不是

第五章　情景应用：打动人心的文章写法

书本知识，而是自己的亲身经历，或者听广播后的思考。他们的故事永远听不够。

站了一天的厨师，怎么应对腰痛？在与学生的交流本上留言时，新手教师如何绞尽脑汁？这些内容，都因为是亲身经历而显得格外有趣。

我经常听母亲讲战争的故事。"爆炸的冲击波很强，大家像跳起舞来一样四散而逃""看到车站着火，我以为整个涩谷都难保了"。这就是在战争中失去家园的母亲的真情实感，让人难忘。

每个人在社交媒体上写作的目的都不尽相同。但无论如何，面向"人群中的你"用"真情实感"来写作、考虑读者的阅读环境，这些都是写作的关键。

广告文案：选择"能打动特定个人的语言"

"退田先生，标题如果用'写给人群中的你'或'贴在桌前的一句话'，这书肯定卖不出去。"一个关系比较好的编辑对我说。

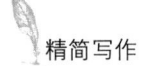

这些都是我以前出版过的书名。听到这话，我有些不满，但仔细一想，也有道理。

编辑继续解释："现在很多书在网上销售。像以前那样，读者去书店实际翻一遍书后再买的情形越来越少。这种情况下，书名就成了读者是否购买的关键。'读这本书对我有什么好处？''怎么能轻松学到很多东西？'这些成了读者的购书标准。所以很多书都会起'3小时包你学会'或'令人惊叹的技巧'这样的标题。这种书才好卖。"

听罢，我尝试向编辑解释，即将出版的书是《朝日小学生新闻》连载的专栏汇编，所以才起了那个标题。不同于畅销书，这本书针对的是特定的媒体和读者。

然而，编辑的话确实值得我深思。既然销售方式变了，书名和文案的写法也要随之变化，这理所当然。

现在大部分读者是根据书名、点赞数和评论来购书的，写书的方法也要与时俱进。

正如前文所述，**首先要面向人群中的某个特定的人，用真情实感写作，这种态度很重要**。比如与其写"教缺乏运动的人如何做拉伸运动"，不如写"教肩胛骨僵硬到无法摸到

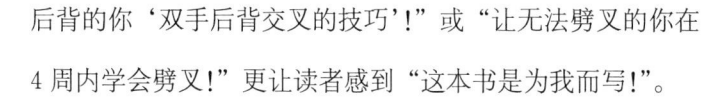

第五章　情景应用：打动人心的文章写法

后背的你'双手后背交叉的技巧'!"或"让无法劈叉的你在4周内学会劈叉!"更让读者感到"这本书是为我而写!"。

同样，与其说"改善姿势"，不如说"矫正驼背""增高3厘米"，这样更能明确表达读者阅读后的收获。

摆脱"切中要害症"

你知道"切中要害症"吗？据说这是指50多岁的上司总是提醒下属写文章或文案要"切中要害"。

不管是"切中要害""令人心动"还是"感人至深""令人震撼"，总之都是要求"写出有冲击力的语言"。

作为同年代的人，我很理解那些上司的心情，因为我也经历过"广告文案潮"，随着电视一起成长起来。但是时代变了。

当我给大学生展示20世纪80年代的经典广告文案时，学生们总会说："看完还是不明白到底是哪家公司的广告，在宣传什么""广告中这种强迫观众思考的方式显得太自以为是""这么煽情的广告语，是老年人才喜欢的风格吧"。

不仅是广告文案，广告公司在讨论商品时，也要具体情

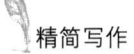

况具体分析，比如：到底是突出与竞品相比的优势，还是支付的便捷？然后，在电脑上根据相应的情形设计不同的广告。

如今，眉毛胡子一把抓、只靠有冲击力的文案已经无法实现信息的精准传递。**我们应该写的不是让所有人感到震撼的话，而是能够准确传达给特定人群的文案。**要明确"为谁写？提供什么帮助？""解决谁的问题？如何解决？"。

网络用语往往冲击力过强。为了不让自己的文案石沉大海、随波逐流，设计文案时就要用诸如"驼背""劈叉""增高3厘米"等特定人群期待看到的、有针对性的词语，具体解决某个群体的烦恼，实现他们的梦想。

希望你也能摆脱"直击要害症"，写出能打动特定人群的文案。

专栏：工作不追求"完美"

"还不够完美，所以无法提交。"你是否也曾用这样的借口来解释没能按期完成的工作？"想尽善尽美"的心态固然

第五章　情景应用：打动人心的文章写法

重要，但在商业环境中，优先考虑的并非完成度，而是截止日期，能在规定时间内提交才是最重要的。

不明白这点，我也曾吃过苦头，总觉得提交半成品太丢人而不敢提交。有段时间，我因为害怕被前辈说"快拿给我看看！"而选择逃避。

然而有一天，前辈对我说："哪怕只是'暂且'或'姑且'，也要把写完的部分先拿给我看，这才叫专业。"

前辈的话让我猛然醒悟。一直以来，我认为专业人士不应找"暂且"或"姑且"这样的借口。

实际上，我错了。

商业活动不是靠某个人完成的，而是不同立场的人共同协作的产物。即便其中一个人做得"完美"，整体结果也不一定"完美"。如果某个人不按时提交自己负责的部分，会导致后续工作被延误，这才是更大的问题。

工作中别怕被人指出不足，这种"痛并快乐着"的感觉刚刚好。所以，请积极提交那些"暂且完成"的企划书或报告吧。

我有个小技巧，就是将企划书或报告视为"新闻通讯"，为其编号。

实际上，我现在写的稿子也是作为"暂且完成"的"第一稿"发给编辑的。然后编辑会给我反馈，告诉我文中的优点、需删除和补充的部分。

如果被表扬，我当然会开心；被指出不足，也将其视为学习和进步的必经之路。被批评时，要诚恳接受，其实习惯了就没什么大不了。如果你已经决定要在不断进步中变得强大，就可以随时将作品展示给别人。

请你以"今日新闻通讯 第3期"的心态不断写作、不断拿给别人看。这样你就不会闭门造车，而是能够拥有更公正、开阔的视野。

在广告制作中，通常需要文案作者与设计师搭档。这样组合很好，因为专业领域不同，我们可以轻松地就创意和文案进行交流。

有时，我将写好的文案给设计师看，对方可能会说"这个词有点消极，我不喜欢"。他指出的问题，正是我欠考虑的地方。看了设计草稿后，我才发现文案没什么问题，但给人的第一印象却是消极的。

第五章　情景应用：打动人心的文章写法

这样的团队合作才是创意工作的精髓。

如果是艺术品创作，或许可以由某个人独自完成。但在商业领域，要想提高整体工作质量，就需要信息交换和情感交流。

作家村上春树曾说，他写完初稿后会第一时间请妻子阅读。其实，最犀利的读者就在身边。你也可以试着找一些愿意立刻阅读你的企划书或报告的伙伴，那些可以在稿件"暂且"阶段就与你讨论的朋友。

如果能与公司的前辈或上司建立这种关系，可以说你很幸运。如果你有下属，当他们提交"暂且完成"的作品时，不要指责他们"怎么提交了半成品？"或"我需要的是完美作品！"，而要根据他们的进展，提出恰当的建议。

人们通过共渡难关而团结。那些在"姑且""暂且"阶段提交的企划书，必将成为整个团队"团结的种子"。

结　语

结　语

我年轻时，父亲曾在我外出时来到我的宿舍，在杂乱无章的炉桌旁留下一张纸条，上面写着：

爸爸来过。

看到你一切安好，我就放心了。

但一定要规划好如何支配自己的体力。

一天不休息，可能就要休息一整年。

吉昭，爸爸祝你幸福。

看到这些写在稿纸背面的文字，我忍不住泪流满面。留言中独特的韵律饱含了父亲对孩子的深情。父亲年轻时曾创作过诗和小说，这段文字成了我磨炼写作的起点。

文字随着时代的变化而进化。

20世纪80年代，正值日本的广告文案热潮，我也是在那时进入广告公司的。现在，当我在大学课堂上给同学们讲当时的广告文案时，学生们会困惑不解。"这些根本搜不到""用谷歌翻译软件也无法翻成英语""有一种居高临下的感觉，我不喜欢"。这是学生们的观后感。

我问："你们喜欢什么样的文案？"大多数同学说，喜欢跨国企业使用的、简洁易懂的英文广告语，因为这种文案更能精准表达。

2020年教育改革后，学生需要回答越来越多的记述式问题，这极大提高了他们的阅读和写作能力。有些学生甚至能写出让成人都自叹不如的论文和小说。

从这一代人身上，我学到很多东西。可以说，我的写作修行远未结束。

这本书正是在我修行途中完成的。我收集并精选了从童年时期到现在教学生涯中，感到真正实用的写作方法。每个方法都是我亲测有效且长期坚持的，而且在教学实践中确实对儿童、学生和成年人都有所帮助。

在这本书的写作过程中，我得到许多友人的帮助和支持。感谢Kanki出版的重村启太先生，准确指出原稿中的优缺点，让我享受了一段非常愉快的工作时光。

感谢夏威夷大学名誉教授吉川宗男先生，从他的著作《相遇是一门哲学》中，我掌握了如何将自己半生所学以文字形式表达的方法。

感谢博报堂执行董事立谷光太郎先生，他是我的同窗，

结　语

总是无私地帮助我。

感谢教会我运势、微笑和时机的 Dr. Copa（小林祥晃先生）。

还要感谢迎来 86 岁高寿、身体欠佳却一直为我准备令人感动的食物和洁净床铺的母亲。她看过我写的所有东西，"写得真好啊"——从小到大，得到母亲表扬时的喜悦从未改变。

在 AI 日渐普及的当下，沟通能力将成为人类最后的堡垒。随着互联网的发展，语言的价值和角色在不断变化。语言是一门修行，我必须坚持不懈。在此过程中，如果我找到新方法，还会形诸文字、结集成书。

愿再次相见时，你依然安好、幸福！

蓦田吉昭

创意写作课程平台

从入门到进阶多种选择，写作路上助你一臂之力

扫二维码随时了解课程信息

"创意写作课程平台"由中国人民大学出版社"创意写作书系"编辑团队精心打造，历经十余年积累，依托"创意写作书系"海量素材，邀请国内外优秀写作导师不断研发而成。这里既有丰富的资源分享和专业的写作指导，也有你写作路上的同伴，曾帮助上万名写作者提升写作技能，完成从选题到作品的进阶。

写作训练营，持续招募中

- **叶伟民故事写作营**

  高人气写作导师叶伟民的项目制写作训练营。导师直播课，直击写作难点痛点，解决根本问题。班主任 Office Hour，及时答疑解惑，阅读与写作有问必答。三级作业点评机制，导师、班主任、编辑针对性点评，帮助突破自身创作瓶颈。

- **开始写吧！——21天疯狂写作营**

  依托"创意写作书系"海量练习技巧，聚焦习惯养成、人物塑造、情节设置等练习方向，21天不间断写作打卡，班主任全程引导练习，更有特邀嘉宾做客直播间传授写作经验。

精品写作课，陆续更新中

- **小说写作四讲**

  精美视频＋英文原声＋中文字幕

  全美最受欢迎的高校写作教材《小说写作》作者珍妮特·伯罗薇亲授，原汁原味的美式写作课，涵盖场景、视角、结构、修改四大关键要素，搞定写作核心问题。

- **从零开始写故事**

  高人气写作导师叶伟民系统讲解故事写作的底层逻辑和通用方法，30讲视频课程帮你提高写作技能，创作爆品故事。

精品写作课

作家的诞生——12位殿堂级作家的写作课

中国人民大学习克利教授10余年研究成果倾力呈现,横跨2800年人类文学史,走近12位殿堂级写作大师,向经典作家学写作,人人都能成为作家。

荷马:作家第一课,如何处理作品里的时间?
但丁:游历于地狱、炼狱和天堂,如何构建文学的空间?
莎士比亚:如何从小镇少年成长为伟大的作家?
华兹华斯和弗罗斯特:自然与作家如何相互成就?
勃朗特姐妹:怎样利用有限的素材写作?
马克·吐温:作家如何守望故乡,如何珍藏童年,如何书写一个民族的性格和成长?
亨利·詹姆斯:写作与生活的距离,作家要在多大程度上妥协甚至牺牲个人生活?
菲兹杰拉德:作家与时代、与笔下人物之间的关系?
劳伦斯:享有身后名,又不断被诋毁、误解和利用,个人如何表达时代的伤痛?
毛姆:出版商的宠儿,却得不到批评家的肯定。选择经典还是畅销?

一个故事的诞生——22堂创意思维写作课

郝景芳和创意写作大师们的写作课,国内外知名作家、写作导师多年创意写作授课经验提炼而成,汇集各路写作大师的写作法宝。它将告诉你,如何从一个种子想法开始,完成一个真正的故事,并让读者沉浸其中,无法自拔。

郝景芳:故事是我们更好地去生活、去理解生活的必需。
故事诞生第一步:激发故事创意的头脑风暴练习。
故事诞生第二步:让你的故事立起来。
故事诞生第三步:用九个句子描述你的故事。
故事诞生第四步:屡试不爽的故事写作法宝。

创意写作书系

这是一套广受读者喜爱的写作丛书,系统引进国外创意写作成果,推动本土化发展。它为读者提供了一把通往作家之路的钥匙,帮助读者克服写作障碍,学习写作技巧,规划写作生涯。从开始写,到写得更好,都可以使用这套书。

书名	作者	出版时间
综合写作		
成为作家	多萝西娅·布兰德	2011年1月
一年通往作家路——提高写作技巧的12堂课	苏珊·M.蒂贝尔吉安	2013年5月
文学的世界	刁克利	2022年12月
创意写作大师课	于尔根·沃尔夫	2013年6月
渴望写作——创意写作的五把钥匙	格雷姆·哈珀	2022年6月
与逝者协商——布克奖得主玛格丽特·阿特伍德谈写作	玛格丽特·阿特伍德	2019年10月
心灵旷野——活出作家人生	纳塔莉·戈德堡	2018年2月
从创意到畅销书——修改与自我编辑	詹姆斯·斯科特·贝尔	2016年1月
精简写作——博报堂演讲撰稿人教你写出好文章	蓥田吉昭	2025年3月
虚构写作		
小说写作教程——虚构文学速成全攻略	杰里·克里弗	2011年1月
开始写吧!——虚构文学创作	雪莉·艾利斯	2011年1月
冲突与悬念——小说创作的要素	詹姆斯·斯科特·贝尔	2014年6月
情节与人物——找到伟大小说的平衡点	杰夫·格尔克	2014年6月
人物与视角——小说创作的要素	奥森·斯科特·卡德	2019年3月
经典人物原型45种——创造独特角色的神话模型(第三版)	维多利亚·林恩·施密特	2014年6月
情节线——通过悬念、故事策略与结构吸引你的读者	简·K.克莱兰	2022年3月
经典情节20种(第二版)	罗纳德·B.托比亚斯	2015年4月
情节!情节!——通过人物、悬念与冲突赋予故事生命力	诺亚·卢克曼	2012年7月
超级结构——解锁故事能量的钥匙	詹姆斯·斯科特·贝尔	2019年6月
如何创作炫人耳目的对话	詹姆斯·斯科特·贝尔	2016年11月
如何创作令人难忘的结局	詹姆斯·斯科特·贝尔	2023年3月
故事工程——掌握成功写作的六大核心技能	拉里·布鲁克斯	2014年6月
故事力学——掌握故事创作的内在动力	拉里·布鲁克斯	2016年3月
畅销书写作技巧	德怀特·V.斯温	2013年1月
30天写小说	克里斯·巴蒂	2013年5月
弗雷的小说写作坊——劲爆小说秘境游走	詹姆斯·N.弗雷	2015年7月
弗雷的小说写作坊——让劲爆小说飞起来	詹姆斯·N.弗雷	2015年7月
从生活到小说(第二版)	罗宾·赫姆利	2018年1月

虚构写作		
小说写作完全手册（第三版）	《作家文摘》编辑部	2024 年 4 月
如果，怎样？——给虚构作家的 109 个写作练习（第三版）	安妮·伯奈斯 帕梅拉·佩因特	2023 年 6 月
成为小说家	约翰·加德纳	2016 年 11 月
小说的艺术	约翰·加德纳	2021 年 7 月
非虚构写作		
怎样讲好一个故事	飞蛾故事会	2025 年 1 月
开始写吧！——非虚构文学创作	雪莉·艾利斯	2011 年 1 月
写作法宝——非虚构写作指南	威廉·津瑟	2013 年 9 月
故事技巧——叙事性非虚构写作（第二版）	杰克·哈特	2023 年 3 月
从零开始写故事——非虚构写作的 11 堂必修课	叶伟民	2024 年 8 月
自我与面具——回忆录写作的艺术	玛丽·卡尔	2017 年 10 月
写我人生诗	塞琪·科恩	2014 年 10 月
类型及影视写作		
金牌编剧——美剧编剧访谈录	克里斯蒂娜·卡拉斯	2022 年 3 月
开始写吧！——影视剧本创作	雪莉·艾利斯	2012 年 7 月
开始写吧！——科幻、奇幻、惊悚小说创作	劳丽·拉姆森	2016 年 1 月
开始写吧！——推理小说创作	劳丽·拉姆森	2016 年 7 月
弗雷的小说写作坊——悬疑小说创作指导	詹姆斯·N. 弗雷	2015 年 10 月
好剧本如何讲故事	罗伯·托宾	2015 年 3 月
经典电影如何讲故事	许道军	2021 年 5 月
童书写作指南	玛丽·科尔	2018 年 7 月
网络文学创作原理	王祥	2015 年 4 月
写作教学		
小说写作——叙事技巧指南（第十版）	珍妮特·伯罗薇	2021 年 6 月
剑桥创意写作导论	大卫·莫利	2022 年 7 月
你的写作教练（第二版）	于尔根·沃尔夫	2014 年 1 月
创意写作教学——实用方法 50 例	伊莱恩·沃尔克	2014 年 3 月
创意写作思维训练	丁伯慧	2022 年 6 月
故事工坊（修订版）	许道军	2022 年 1 月
大学创意写作（第二版）	葛红兵 许道军	2024 年 8 月
小说创作技能拓展	陈鸣	2016 年 4 月
青少年写作		
奇妙的创意写作——让你的故事和诗飞起来	卡伦·本基	2019 年 3 月
写作大冒险——惊喜不断的创作之旅	凯伦·本克	2018 年 10 月
小作家手册——故事在身边	维多利亚·汉利	2019 年 2 月
写作魔法书——让故事飞起来	加尔·卡尔森·莱文	2014 年 6 月
成为小作家	李君	2020 年 12 月
写作魔法书——28 个创意写作练习，让你玩转写作（修订版）	白铅笔	2019 年 6 月
有个性的写作（人物篇＋景物篇）	丁丁老师	2022 年 10 月
北大附中创意写作课（修订版）	李韧	2025 年 5 月
北大附中说理写作课（修订版）	李亦辰	2025 年 5 月

HAKUHŌDŌ SPEECH WRITER GA OSHIERU MIJIKAKUTEMO TSUTAWARU BUNSHŌ NO KOTSU

by YOSHIAKI HIKITA

Copyright © 2018 YOSHIAKI HIKITA

Original Japanese edition published by KANKI PUBLISHING INC.

Simplified Chinese translation copyright © 2025 by China Renmin University Press Co. , Ltd.

Simplified Chinese translation rights arranged with KANKI PUBLISHING INC. through BARDON CHINESE CREATIVE AGENCY LIMITED, Hong Kong.

All rights reserved.

图书在版编目（CIP）数据

精简写作：博报堂演讲撰稿人教你写出好文章 /
（日）蠹田吉昭著；郭一娜译. -- 北京：中国人民大学
出版社，2025.3. --（创意写作书系）. -- ISBN 978-7-
300-33643-5

Ⅰ.H05-49

中国国家版本馆CIP数据核字第2025RJ9875号

创意写作书系
精简写作
博报堂演讲撰稿人教你写出好文章
[日] 蠹田吉昭 著
郭一娜 译
Jingjian Xiezuo

出版发行	中国人民大学出版社		
社　　址	北京中关村大街31号	邮政编码	100080
电　　话	010-62511242（总编室）	010-62511770（质管部）	
	010-82501766（邮购部）	010-62514148（门市部）	
	010-62515195（发行公司）	010-62515275（盗版举报）	
网　　址	http://www.crup.com.cn		
经　　销	新华书店		
印　　刷	天津中印联印务有限公司		
开　　本	890 mm×1240 mm　1/32	版　次	2025年3月第1版
印　　张	5.875 插页1	印　次	2025年3月第1次印刷
字　　数	81 000	定　价	59.00元

版权所有　侵权必究　印装差错　负责调换